Walter Kutsch

Wer war eigentlich ...

Auf der Suche nach bedeutenden Münsteranern der letzten Jahrhunderte

Herausgegeben vom Stadtheimatbund Münster
mit Karikaturen von Arndt Zinkant

Aschendorff
Verlag

Bibliografische Information der Deutschen Bibliothek
Die Deutsche Bibliothek verzeichnet diese Publikation in der
Deutschen Nationalbibliografie; detaillierte bibliografische Daten
sind im Internet über <http://dnb.ddb.de> abrufbar.

© 2020 Aschendorff Verlag GmbH & Co. KG, Münster

www.aschendorff-buchverlag.de

Satz: Rudi Neise
Printed in Germany
Gedruckt auf säurefreiem, alterungsbeständigem Papier
ISBN 978-3-402-24711-2

Ein Wort zum Anfang

Seit 2012 stellte Walter Kutsch, ein begeisterter Münster-Liebhaber, in der Zeitschrift des Stadtheimatbundes „Torhaus aktuell" 24 Persönlichkeiten der letzten Jahrhunderte vor, die aus Münster kommen oder dort verdienstvoll gewirkt haben. Er konnte dabei aus einem reichen Fundus schöpfen, hatte er doch im Verlaufe von Jahrzehnten als akribischer Münstersammler seine umfangreiche Spezialbibliothek „Monasteria" aufgebaut, die heute im münsterschen Stadtarchiv der Öffentlichkeit zugänglich ist.

Walter Kutsch wollte die Reihe der Kurzbiografien mit der 25. beenden. Durch seinen plötzlichen Tod 2019 kam es leider nicht mehr dazu. Diese ist nun seiner eigenen Person gewidmet. Die vom Autor gewählte Reihenfolge der Kurzbiografien ist in diesem Buch beibehalten.

Ich selbst gehöre zu dem Fankreis seiner Kurzbiografien. Jede Person wird kurz, mit sprachlicher Exaktheit und großen Detailkenntnissen beschrieben. Es war und ist ein Genuss, sie zu lesen.

Die Auswahlkriterien für die beschriebenen Persönlichkeiten verrät der Autor uns nicht, wir können sie lediglich erahnen. Es sind nicht die bekannten Politiker oder Kirchenfürsten aus Münster: Reichskanzler Heinrich Brüning oder Kardinal Clemens August Graf von Galen finden keine Erwähnung. Vielmehr stellt er beispielsweise drei „unangepasste" Frauen vor, die im 19. Jahrhundert in einer patriarchalischen Gesellschaft ihren eigenen Weg gingen. Eine von ihnen, Mathilde Franziska Anneke, ist Namensgeberin einer neuen Gesamtschule in Münster. Es sind eher die weniger bekannten Persönlichkeiten, die er vor dem Vergessen bewahren will. Dazu gehört auch Alfred Flechtheim, der weltweit als Kunsthändler und Mäzen wirkte.

In der ersten Kurzbiografie, der Beschreibung von Theo Breider, nennt Walter Kutsch das Ziel für die Auswahl: Seine Ausführungen sollen Anregung sein, „sich ein wenig mehr" mit den Persönlichkeiten, ihren Taten oder Werken zu beschäftigen.

Auch mir vermitteln diese Biografien eine Lust auf mehr!

Ursula Warnke
Vorsitzende des Stadtheimatbundes Münster e. V.

Inhaltsverzeichnis

Ein Wort zum Anfang 5

WER WAR EIGENTLICH . .

- Theo Breider. 11
- Tönne (Tons) Vormann .15
- Fritz Westhoff. 19
- PPA (Peter Paul Althaus) 23
- Alfred Flechtheim 27
- Heinrich Morthorst 31
- Clara Ratzka 35
- Pinkus Müller 39
- Eli Marcus. 43
- Maria Beckmann 47
- Elisabet(h) Ney. 51
- Franz Essink 55
- Paula Wilken 59
- Bonifatius Reichsgraf von Hatzfeld-Trachenberg . .63
- Anni Buschkötter. 67
- Paul Reiser 71
- Emil Stratmann 75
- Hans Dieter Schwarze. 79
- Franz Feldhaus 83
- Mathilde Franziska Anneke 87
- Rosa Posekardt 91
- Werner Dobelmann. 95
- Alexander Heimbürger 99
- Anton Matthias Sprickmann 103
- Walter Kutsch. 107

Theo Breider

Um die Frage mit Fontanes Worten zu beantworten, könnte man sagen: Er war der Mann der Eisenbahn, der Mann der Pättkesfahrten, der Mann der dezenten Adventsbeleuchtung in Münster, der Mann der Bockwindmühle und obendrein noch ein Poet. Damit ist das Leben eines knorrigen Westfalen umrissen, der am 16. November 1903 in Effeln im Sauerland das Licht der Welt erblickte und am 6. Dezember 1993 in Münster starb.

Der Mann der Eisenbahn: Gemeint ist natürlich die WLE, also die Westfälische Landeseisenbahn, die Münster viele Jahre mit dem Sauerland (Warstein) verband. In deren Diensten stand Theo Breider dreizehn Jahre lang, nämlich von 1922 bis 1935. Dort wuchs vielleicht eine erste Affinität zu Münster, wohin die Züge aus seiner sauerländischen Heimat ja täglich fuhren. WLE und Heimat waren schon immer eng verbunden, wie sich auch aus dem Gedicht eines unbekannten Autors ergibt: „Met Puff-Puff-Tüt un Bim-Bim-Bim föhrt all guet füftig Jaohre lang de WLE düört Heimatland, daoför säggt wi iähr Luow un Dank !"

Der Mann der Pättkesfahrten: Ab Mitte der dreißiger Jahre des vorigen Jahrhunderts lebte Theo Breider in Münster und wurde Geschäftsführer des damaligen Verkehrsvereins mit dem späteren Titel „Verkehrsdirektor". Schon früh erkannte er die Eignung des platten Münsterlandes und seiner kleinen, pittoresken Pfade (niederdeutsch: Pättkes) für fröhliche Fahrradfahrten durch die Natur. Diese Pättkesfahrten wurden durch ihn neben den Pferden zu einem touristischen Markenzeichen des Münsterlandes und fanden begeisterten Zuspruch. Schon vor Ausbruch des Weltkrieges konnte Breider seine Idee den Medien präsentieren und zur ersten „Presse-Pättkesfahrt" einladen. Eine Tourismusattraktion war geboren.

Der Mann der dezenten Adventsbeleuchtung: Ein besonderes Anliegen Theo Breiders war es, auch in der Vorweihnachtszeit den vornehmen Charakter der alten Stadt im Lindenkranze zu betonen. Der Phantasielosigkeit marktschreierischer Glühbirnen in anderen Großstädten setzte er eine verdeckte innere Beleuchtung der Adventskränze und Tannenbäume entgegen und erreichte so eine unaufdringliche stille Hinführung zur Weihnacht. Noch heute spüren wir am Prinzipalmarkt diese einzigartige Stimmung, bei der die Stadtbeleuchtung ausgeschaltet ist.

Der Mann der Bockwindmühle: Der Mühlenhof mit seinen bäuerlichen und handwerklichen Gebäuden sowie der Bockwindmühle ist wohl das eindrucksvollste Lebenswerk Theo Breiders. Der Journalist Gerd Schroeder hat die Entstehung in vielen Zeitungartikeln, die er 1980 zu einem inzwischen leider vergriffenen Buch mit dem Titel „Das Museum aus dem Nichts" zusammengefasst hat, sensibel und eindrucksvoll festgehalten. In der Tat:

Theo Breider schuf das heutige weithin bekannte und gelobte Freilichtmuseum aus dem Nichts. Überall musste er um Geld und Sachwerte bitten und betteln, wofür man ihm als „Edelschnorrer" das Verb „breidern" zuschrieb. In Erinnerung übrigens an den Kölner Kardinal Joseph Frings; die Kölner nannten den zwar keineswegs von ihm befürworteten, aber im kalten Winter 1945 sanft tolerierten Kohlenklau liebevoll „fringsen".

Darüber vergaß Theo Breider aber auch nicht Menschen in Not. Als sich die Flügel der Bockwindmühle fröhlich drehten, ereignete sich im fernen Agadir ein schreckliches Erdbeben. Anfang 1962 schickte er 200 Sack in der Bockwindmühle am Aasee gemahlenes Mehl nach Agadir, eine Menge, die für 12 500 Weißbrote reichte. Die Wege, welche Breider dabei durch die Dickichte der verschiedenen Administrationen ging, waren abenteuerlich und würden eine eigene spannende Erzählung ergeben.

Zum Schluss der Poet: Als Theo Breider nach Beendigung des letzten Weltkrieges das zerstörte Münster sah, glaubte er verzweifeln zu müssen. Sein erstes trauriges Gedicht trägt die Überschrift „Münster is daut". Im Anfangsvers finden wir die Zeile: „eene schöne Stadt is stuorwen - miene was't und Diene, usse Mönster". Kurze Zeit später fasste er jedoch neuen Mut und packte mutig mit an beim Wiederaufbau dieser Stadt. - Theo Breider hat im Laufe seines bewegten Lebens viele Gedichte geschrieben, die in zahlreichen Anthologien gedruckt wurden. Seine Poesie ist gleichermaßen zart und deftig.

Diese Ausführungen sind natürlich viel zu kurz, um erschöpfend über Leben und Wirken Theo Breiders zu berichten. Aber vielleicht ist diese kurze Erinnerung Anregung, sich (wieder) ein wenig mehr mit ihm und seinem Werk zu beschäftigen.

Tönne (Tons) Vormann

Schaut man in der elektronischen Enzyklopädie „Wikipedia" nach, findet man bislang nur recht dürftige Hinweise. Immerhin erfährt man, dass Wilhelm Anton Vormann am 24. November 1902 in Wolbeck (damals noch nicht eingemeindet) das Licht der Welt erblickte und dort am 5. November 1993 verstorben ist. Weiterhin steht dort, er sei ein westfälischer Maler, Radierer und Sänger gewesen.

Damit werden seine Tätigkeitsfelder jedoch nur sehr unzureichend beschrieben, denn Tönne Vormann war wahrhaftig ein Multitalent: Dichter und Schriftsteller, Maler, Zeichner und Graphiker sowie auch Kunstsammler, Komponist, Musiker und Sänger. Schon als Kind liebte er die plattdeutschen Volkslieder seiner Heimat, zeichnete und malte gerne und bewunderte die von seinem Großvater gesammelten Stiche römischer Künstler mit Landschafts- und Frauenbildern.

Geliebt hat er die Sprache seiner münsterländischen Eltern und Großeltern, wie er in schönen Worten gesagt hat: „Das Platt – mein Platt – ist die erste Sprache, die ich aus dem Munde meiner Mutter gehört habe. Man hat mir immer ein plattdeutsches Lied an der Wiege gesungen, das ich mir auch als Schlaflied meiner letzten Tage wünsche: ‚Schlop in, mien Kindken, schlop in' ... weil wir im Grunde wieder Kind sein müssen. Das Münsterländer Platt ist rund, das ist schön, und die plattdeutsche Sprache geht viel tiefer ins Herz als unser kantiges Hochdeutsch, und deshalb habe ich bei ganz bestimmten Dingen der Kunst das Material Sprache genommen: Muttersprache. Das Letzte ausdrücken, das Intime, das kann nur das landschaftsgebundene Platt" (zitiert nach Martin Gesing).

Tönne Vormann wollte bereits in frühem Alter Maler werden. Mit siebzehn Jahren hörte er an der Westfälischen Wilhelms-Universität Vorlesungen über Kunstgeschichte. Seine frühe Liebe galt aber auch dem Wandern in der Natur, dem Volkstanz; er sang gerne und musizierte auf der Laute. Auch dichtete er schon als Jugendlicher Lieder und Gedichte, die er, seit er 22 Jahre alt war, drucken ließ und auch im Rundfunk sprach und sang.

Mit 24 Jahren verließ er Münster, wo er zuvor einige Ausstellungen mit seinen Gemälden bestückt hatte. In München erhielt er Unterricht in Architektur und klassischen Künsten an der Debritzschule. Er besuchte gerne die Münchener Museen, vornehmlich die Pinakotheken, wo er mannigfaltige Anregungen für seine Malerei aufnahm. Daneben nahm er Gitarrenunterricht. In der Schwabinger Bohème, in die er zeitweilig „eintauchte", lernte er viele bekannte Künstler, Schauspieler und Dichter kennen, darunter auch Joachim Ringelnatz, mit dem er später freundschaftlich verbunden war. In Schwabinger Künstlerkneipen sang er plattdeutsche Lieder und Balladen; dort traf er auch „PPA", den ebenfalls aus Münster stammenden Kabarettisten Peter Paul Althoff.

Wenige Jahre danach kam er wieder nach Münster zurück, studierte an der hiesigen Kunstgewerbeschule und hospitierte auch an der Düsseldorfer Kunstakademie. Lange hielt es ihn aber vorläufig nicht in Westfalen. 1928 treffen wir ihn als Meisterschüler von Max Slevogt an der Berliner Kunstakademie. Auch in der dortigen Zeit fand er schnell den Weg in bekannte Künstlerkreise und lernte beispielsweise Claire Waldoff kennen, mit der er einige Male im Kabarett „Katakombe" auftrat und wie in München seine Lieder sang. In Berlin lernte er auch den ebenfalls aus Münster stammenden Kunsthändler Alfred Flechtheim kennen.

Es folgten die wirren Jahre des Nationalsozialismus und des furchtbaren Krieges, die ihn wie auch andere Künstler in die verschiedensten Ecken Europas verschlugen. Von solchen Erlebnissen gezeichnet, kehrte er nach dem Kriege in seine Heimatstadt zurück und beschloss, dort zu bleiben. Im Jahre 1948 legte er im Wolbecker Tiergarten den Grundstein zu seinem Haus, welches er selbst baute und wo er bis zu seinem Tode lebte. Zehn Jahre vorher, 1983, wurde ihm das Bundesverdienstkreuz verliehen.

Während seine Lieder und Gedichte vornehmlich um die Menschen, ihre Freuden und Nöte kreisen, beinhalten seine Zeichnungen, Graphiken und Bilder Darstellungen von Städten und Landschaften aus vielen Gegenden, natürlich auch aus Münster und dem Münsterland. Vor einiger Zeit war in der Galerie König in Münster eine Auswahl seiner Arbeiten zu sehen, die viele Besucher anzog. Ebenso wie das Betrachten seiner Bilder verspricht das Anhören seiner Lieder, vorgetragen von lebenden Personen oder auf Tonträgern, einen Eindruck von seinem tiefen Erleben.

„Dr. Longinus"

Fritz Westhoff

Eine erste kurze Antwort auf diese Frage enthält die 1996 erschienene Biografie von Martin Berger mit dem Titel: „Friedrich Westhoff, ein bedeutender Zoologe des 19. Jahrhunderts in Westfalen". Dort lesen wir: „Im Alter von nur 39 Jahren starb der Zoologe Friedrich Westhoff an den Folgen einer Tetanus-Infektion. Einhundert Jahre nach seinem Tod ist sein Verständnis von naturwissenschaftlicher Forschung und Lehre so aktuell wie damals: Neben der eigentlichen Forschung sind auch heute noch das Aufarbeiten wissenschaftlicher Forschungsergebnisse für die Allgemeinheit und die Weitergabe von Kenntnissen [...] sowie die naturkundliche Erziehung wichtige Anliegen". Dass er vielen Menschen unbekannt geblieben ist, mag auch daran liegen, dass er zeitlebens im Schatten seines großen Lehrers und Mentors Hermann Landois stand.

In dieser kurzen Abhandlung soll aber nicht die wissenschaftliche Leistung des späteren Privatdozenten Westhoff im Vordergrund stehen (seine zweibändige Habilitationsschrift „Die Käfer Westfalens" aus den Jahren 1881/82" gilt auch heute noch als zuverlässiges Standardwerk), sondern sein volkstümliches Wirken in seinem heimatlichen Münster. Dort wurde er am 8. September 1857 im Kirchspiel Überwasser geboren. Nach dem Besuch der Elementarschule wechselte er auf das Gymnasium Paulinum, wo er 1876 die Reifeprüfung ablegte (sein Naturkundelehrer war Hermann Landois). Danach nahm er ein naturwissenschaftliches Studium an der Königlichen Akademie in Münster auf (der Vorläuferin der heutigen Wilhelms-Universität), das er mit Promotion und späterer Habilitation abschloss.

Westhoff, wegen seiner Körpergröße „der Lange" (latinisiert: Longinus) genannt, war bei allem wissen-

schaftlichen Ernst auch ein sehr fröhlicher Mensch. Er gehörte neben dem Landois'schen Vogelschutzverein, bekannt durch lustige Winterfeste, auch der von seinem Mentor ins Leben gerufenen Abendgesellschaft des Zoologischen Gartens an. Nicht nur seine humoristischen Vorträge fanden großen Anklang. Er warb auch dafür, dass diese Gesellschaft abendfüllende Theaterstücke aufführte, nicht zuletzt um die offenbar brachliegenden Theaterverhältnisse in Münster wieder zu beleben. Zusammen mit Eli Marcus und Wilhelm Pollack schrieb er verschiedene Stücke in plattdeutscher Sprache, darunter „Grienkenschmied" und „Mersche Tilbeck", Texte, die heute sämtlich nur noch antiquarisch zu bekommen sind. Ebenfalls gehörte Westhoff der Geographischen Gesellschaft zu Münster i. W. an, für die er verschiedene Lieder und sogar Balladen verfasste.

Die Mitglieder jener Geographischen Gesellschaft, die übrigens in ihrem Namen den Zusatz führte „zur Erforschung des münsterländischen Tieflandbusens", unternahmen viele Wanderungen im Münsterland, erkundeten die heimatlichen Bräuche und Sagen und - eine wirkliche Besonderheit - fertigten davon viele Protokolle in plattdeutscher Sprache und teilweise sogar in Versform an. Unter seinem Pseudonym „Dr. Longinus" brachte Fritz Westhoff (als Ergebnis dieser Wanderungen) im Jahre 1893 einen „Führer durch die nähere Umgebung Münsters" heraus. Später folgte auch ein „Führer durch die Baumberge".

Im Jahre 1896 wurde auf Initiative von Fritz Westhoff der Wanderverein „Baumberge-Verein" gegründet. Der Verein bezweckt „den Verkehr in den Baumbergen zu heben und zu erleichtern und das Interesse für die Baumberge in jeder Weise zu mehren." Schon damals hatte Westhoff die Idee, an höchster Stelle, auf dem Westerather Berg (186 m), einen Aussichtsturm zu errichten. Dazu kam es jedoch zu seinen Lebzeiten leider nicht mehr. Er verstarb im selben Jahr (am 12. November 1896) an den Folgen eines Unfalles durch Blutvergiftung. Die Mitglieder setzten den Gedanken ihres früh verstorbenen ersten Vorsitzenden jedoch kurz darauf um: Im Jahre 1897 begann der Bau des ersten Turmes, der 1901 fertiggestellt wurde. Zur Erinnerung an seinen Initiator „taufte" man den Turm auf dessen Namen, den auch der heutige Turm noch trägt: „Longinus-Turm". – Der Baumberge-Verein e.V. Münster, der im Jahre 1996 zu seinem 100-jährigen Bestehen eine lesenswerte Festschrift herausgab, trägt dazu bei, dass die Erinnerung an Fritz Westhoff nicht zu sehr verblasst.

PPA (Peter Paul Althaus)

Ein Münsteraner, hier geboren am 28. Juli 1892 – ein Münchener (Wahl~), im dortigen Stadtteil Schwabing gestorben am 16. September 1965. Die ersten Lebensjahre verbrachte er im Schatten des münsterschen Domes im elterlichen Hause Bogenstrasse 7 und in unmittelbarer Nähe seiner Taufkirche St. Lamberti. Seine schulische Ausbildung begann in der „dahinter" gelegenen Dom-

schule. Danach folgten unruhige Jahre als Gymnasiast: Er wechselte zum Gymnasium Paulinum, zum Schillergymnasium, zu einer Privatschule in Telgte und legte die Reifeprüfung schließlich in Lingen an der Ems am Gymnasium Georgianum ab.

Seinem ursprünglichen Berufswunsch – Apotheker (Fontane läßt grüßen ...) – machte der Erste Weltkrieg einen „Strich durch die Rechnung". 1919 begann er in Münster ein Studium der Philosophie, Literatur, Musik und Kunstgeschichte. Längst vorher entdeckte er seine Neigung zum „Fabulieren", schrieb Beiträge für den Simplicissimus, gab eine satirische Zeitschrift heraus („Das Reagenzglas"), verfasste Gedichte und Erzählungen, die er in der Literarischen Gesellschaft in Münster vortrug. Nach einem Besuch im Jahre 1922 beim Münchener O.C. Recht Verlag, dem er einen Roman zum Druck anbot, verließ er seine Geburtsstadt und siedelte in die bayerische Metropole über.

In „Isar-Athen", wie München damals von der dortigen Bohème überschwenglich genannt wurde, schrieb

PPA Novellen, Gedichte und auch Hörspiele sowie Bühnenstücke. Zwischendurch wirkte er einige Zeit als Regieassistent am Nationaltheater Weimar und trat danach eine Reise durch viele europäische Länder und Städte an. Schließlich kehrte er nach München zurück und nahm eine mehrjährige Tätigkeit beim Bayerischen Rundfunk auf. Von dort führte ihn sein Lebensweg für drei Jahre als Chefdramaturg des Deutschlandsenders nach Berlin. Dann – der Zweite Weltkrieg begann – wurde er zum Kriegsdienst eingezogen.

Nach den schrecklichen Kriegsjahren und im Angesicht der zerstörten Städte „flüchtete" PPA in seine dichterisch gezimmerte Traumstadt, womit er zwar auch Schwabing meinte, aber vor allem seine Vision einer Gesellschaft, welche angesichts der grausamen Realität in der Kunst eine sinnvolle Gegenwelt findet. „Die Traumstadt", schrieb Walter Gödden, „ist zugleich die Utopie einer Künstlerwerkstatt, das Ideal ausgelebter künstlerischer Individualität, ein Ort des Austausches und der gegenseitigen Inspiration". Es begann eine außerordentlich aktive und produktive Phase. Er gründete gleich zwei Kabaretts, die „Schwabinger Laterne" und „Monopteros(s)", für die er Texte schrieb. Daneben entstanden unzählige Gedichte und Prosaschriften – es erschienen über dreißig Bände.

Er tauchte tief in die Schwabinger Bohème ein und blickte aus seiner Schwabinger Wohnung hoch über den Dächern Münchens liebevoll auf diesen Stadtteil hinunter, der sein zweites geliebtes Zuhause geworden war. Er pflegte viele fruchtbare Kontakte zu anderen Künstlern, Dichtern, Kabarettisten und empfindsamen Menschen. Der Kabarettist Dieter Hildebrand sprach sehr schön über ihn: „Die Traumstadt ... ist eine Phantasie Schwabings – sie zeigt, wie das Innere vom Menschen aussehen sollte. Althaus suchte mit der Poesie Trost aus der Realität. Und das brauchen wir ja alle." Zu seinem 70. Geburtstag im Jahre 1962 hielt der frühere Bundespräsident Theodor Heuss im Südwestfunk eine Laudatio; zwei Sätze daraus seien zitiert, die viel über den Zauber PPA's aussagen: „Es liegt jetzt Jahre zurück, da ich ihn an einem heiteren Abend seine nachdenksamen, skurrilen Verse vortragen hörte. Es war, als ob er mich an der Hand nähme und über ein halbes Jahrhundert in die eigene Jugend zurückführte".

Auch der Dichter Peter Paul Althaus, dessen Namen eine Strasse im münsterschen Stadtteil Kinderhaus trägt, vergaß seine Jugend nie und dachte oft an seine Geburtsstadt Münster zurück. Er verfasste in München kurz vor seinem Tod eine Liebeserklärung an seine Vaterstadt: „... ich bin kein Heimatdichter geworden, ich habe nie die Schönheit der Stadt Münster besungen, nie die Reize des Aasees, der in meiner Kindheit zum großen Teil aus schilfigem Morast bestand." Weiter spricht er vom Dom, wo er Messdiener war, von den im Frühlingswind rauschenden Bäumen der Promenade, vom lindenbestandenen Domplatz. Begraben wurde er auf dem Münchener Nordfriedhof; die Grabrede hielt am 20. September 1965 der frühere Münchner Oberbürgermeister Hans-Jochen Vogel.

Alfred Flechtheim

Sein Nachname wird in jüngster Zeit in Münster wieder öfter genannt: Das Wolfgang Borchert Theater plant einen Umzug in den Flechtheim-Speicher, einen früheren Getreidespeicher im Hafen. Der Platz vor der neuen Stadtbücherei ist bereits seit dem Jahre 1995 nach ihm benannt mit dem Zusatz: „Alfred Flechtheim (1878 – 1937), in Münster geboren, Kunsthändler, Sammler, Förderer zeitgenössischer Kunst, 1933 nach London emigriert".

Seine Eltern betrieben in Münster einen florierenden Getreidehandel, wozu auch der erwähnte Speicher diente. Der Sohn Alfred sollte das Geschäft übernehmen und wurde daher nach dem Besuch münsterscher Schulen auf die elitäre Handelsschule des Chateau du Rosey in Rolle bei Genf geschickt. Es folgte eine Lehre bei der angesehenen Getreidefirma Louis Dreyfus & Cie in Paris mit

Aufenthalten in London, Liverpool und Russland. Allerdings interessierte sich Alfred Flechtheim schon damals weniger für das väterliche Getreide als vielmehr für die in den europäischen Metropolen aufblühende zeitgenössische Kunst.

Doch zuvor hatte er in Münster bis zum „Einjährigen" das Gymnasium Paulinum besucht. In seinem späteren turbulenten Leben dachte er immer wieder gerne an seine Heimatstadt zurück. Als fast Fünfzigjähriger schrieb er einmal: „Meine Eltern sind Westfalen und ich kann, trotzdem ich reiner Semit bin, auf eine so lange Reihe westfälischer Ahnen zurückblicken, dass ich mir schmeicheln darf, in diesem Lande ebenso lange ansässig zu sein wie die Drostes und Arenbergs." Und er schrieb auch: „Ich glaube, dass man in keiner Stadt seine Jugend schöner verbringen kann als in Münster. Ich glaube überhaupt nicht, dass irgendeine Stadt schöner ist als Münster."

Das schrieb Flechtheim, als er bereits viele Weltstädte kennengelernt und seit Jahren eine Kunstgalerie in Düsseldorf mit Dependance in Berlin betrieb. Er sammelte zeitgenössische Kunst, organisierte Ausstellungen, verkehrte und korrespondierte mit fast allen wichtigen Künstlern seiner Zeit. Er galt in den zwanziger Jahren des vorigen Jahrhunderts als der größte deutsche Händler des Kubismus und des Fauvismus, stellte in seiner Galerie Werke von Derain, Matisse und Vlaminck, von Picasso, Braque und Léger aus, ebenso viele zeitgenössische Skulpturen.

Zwischen den Weltkriegen verlegte Flechtheim auch zwei Zeitschriften: „Der Querschnitt" (1921) und „Omnibus" (1931/32). Stephan von Wiese, Kustos am Kunstmuseum Düsseldorf, bezeichnet Flechtheim als Erfinder eines neuen Zeitschriftentypus, in dem sich Sport, Kunst, Literatur, Theater und nicht zuletzt auch mondänes Leben zwanglos miteinander mischten. Darüber hinaus gab Flechtheim eine beachtliche Anzahl sehr sorgfältig editierter Kataloge heraus. Er war in Berlin eng mit Max Schmeling befreundet und versäumte kaum einen seiner Boxkämpfe. Schmeling schrieb damals: „Seine Wohnung in der Viktoria-Straße, in unmittelbarer Nachbarschaft des genialen UFA-Produktionsbosses und Film-Fachmannes Erich Pommer war Prominenten-Treff des seinerzeitigen Berlin. Ähnlich wie Viktor Schwannekes vielzitierte Weinstube in der Rankestraße. Eine Drehscheibe aus allen Bereichen des öffentlichen Lebens: Künstler, Bankiers, Literaten, Leinwand- und Bühnenstars, Journalisten, Gelehrte und Sportler".

Nach der sogenannten „Machtergreifung" musste Alfred Flechtheim aus Deutschland fliehen. Nach aufreibender und schmerzlicher Odyssee wählte er London als Exil, wo es ihm jedoch nicht gelang, ähnlich erfolgreich wie in Berlin Fuß zu fassen – Menschen haben eben ihre Orte. Für die Nationalsozialisten galt er als „jüdischer Kulturbolschewist". Im Führer „Entartete Kunst" aus dem Jahre 1937 wurde er in die „Gruppe 9 – Vollendeter Wahnsinn" eingereiht. Im gleichen Jahre, am 9. März 1937, starb er vereinsamt in einem Londoner Krankenhaus an einer Blutvergiftung.

Alfred Flechtheim war ein Münsteraner jüdischen Glaubens, der in der Kunst weltweit Maßstäbe gesetzt hat, aber in seiner Heimatstadt lange vergessen war. Er gehörte einer längst ausgestorbenen Kunsthändlergeneration an, die in der Kunst nicht nur Ware sahen und sich oft überhaupt nicht wie Händler verhielten, sondern eher wie Mäzene (so der Maler George Grosz).

Heinrich Morthorst

Antwort: ein Münsterländer ebenso wie ein Münsteraner. Ein Münsterländer aus Dinklage im katholischen Kreis Vechta, der erst im Jahre 1803 nach dem Reichsdeputationshauptschluss in das protestantische Herzogtum Oldenburg eingegliedert wurde. Heute besteht das Oldenburger Münsterland aus den Kreisen Vechta und Cloppenburg.

Dort also wurde Heinrich Morthorst am 2. März 1911 geboren wie ebenfalls etliche Jahre früher der „Kriegs"-bischof von Münster, Kardinal Clemens August Graf von Galen. Getauft wurde er in St. Catharinen in Dinklage und wuchs in einer streng katholischen Familie zusammen mit acht Geschwistern auf. Eine besondere Zuneigung empfand er zu seinem Onkel, dem Prälaten Franz Morthorst. Nach einigen Jahren als Vikar in Delmenhorst wurde der Onkel nach Vechta versetzt, wo er, zwar weiterhin katholischer Geistlicher, Hauptschriftleiter der dort immer noch erscheinenden Oldenburger Volkszeitung wurde.

Wegen eines Herzleidens konnte Heinrich Morthorst nicht Eisenbahner werden, was er sich schon als kleiner Junge gewünscht hatte. Er wählte einen „Brot"beruf und absolvierte in Fürstenau von 1930 bis 1933 eine Bäckerlehre. Die Gesellenprüfung bestand er mit der Note „Gut". Es folgte 1938 die Meisterprüfung vor der Handwerkskammer Oldenburg. Eine Stellenanzeige führte ihn im selben Jahr in die ihm bis dahin völlig unbekannte Stadt Münster, wo er eine Anstellung in der Bäckerei Kosmann, Bergstraße fand. 1938 heiratete er auch seine erste Frau, Maria Tebben, die nach der Geburt des Sohnes Heinz Theodor bereits 1939 verstarb.

Von 1940 bis 1946 war Heinrich Morthorst Soldat. Im Kriege heiratete er 1943 seine zweite Frau, Agnes Laugers, eine Freundin aus seinen Jugendjahren; aus dieser Ehe gingen fünf Kinder hervor. 1947 bezog die junge

Familie ein Trümmerhaus in der Bolandsgasse 4, wo Heinrich Morthorst ab 1948 viele Jahre eine Bäckerei betrieb. Schon sehr früh engagierte er sich in berufsständischen Organisationen für die Belange seiner Berufskollegen. Er organisierte auch mehrmals den „Guten Montags-Umzug" der Bäckergilde und besuchte in diesem Zusammenhang auch 1971 die Stadt Wien, wo er nicht nur von den politischen Repräsentanten, sondern sogar von dem Kardinal König empfangen wurde.

Auch politisch war Heinrich Mordhorst sehr aktiv. Seit 1952 Mitglied der CDU, wurde er 1963 Vorsitzender des CDU-Kreisverbandes und kandidierte 1971 sogar für einen Sitz im Düsseldorfer Landtag. Aber er konnte sich nicht von Münster, das ihm längst geliebte Heimat geworden war, lösen. Unzählige Ehrenämter in Bruderschaften, im Karneval und in geselligen Vereinen füllten ihn aus. Viele Jahre arbeitete er im Kirchenvorstand St. Lamberti mit und sang im dortigen Kirchenchor; später war er auch in der Coerder Pfarre St. Norbert tätig.

Vor allem aber war er den Münsteranern jahrelang als „Kiepenkerl vom Dienst" bekannt. Begonnen hatte er diese „Karriere" im Jahre 1963 auf dem Mühlenhof als „Bur" bei dem jährlichen Lambertusspiel. Seitdem trat er unzählige Male in blauem Kittel mit Holzschuhen, langer Pfeife und Kiepe bei vielen Veranstaltungen und Empfängen auf und verkörperte Münsters Symbol- und Werbefigur. Kein Präsidenten-, Kanzler- oder Minister-besuch in Münster ohne Heinrich Morthorst – er kannte sie alle, auch hohe kirchliche Würdenträger, festgehalten auf Hunderten von Fotografien. Höhepunkt war der Besuch von Papst Johannes Paul II. in Münster im Mai 1987: Heinrich Morthorst präsentierte dem Heiligen Vater Schinken und Schwarzbrot. Günther Mees wählte für seine 2003 erschienene Biografie den bezeichnenden Untertitel „Zwischen Kiepe und Kreuz".

Nachdem im Jahre 1995 seine zweite Frau verstarb, zog er sich immer mehr in das familiäre Haus im Stadtteil Coerde, wo erst kürzlich eine neue Straße nach ihm benannt wurde, zurück und ging oft im dortigen Wäldchen nachdenklich philosophierend spazieren. Im Rollstuhl feierte er seinen 90. Geburtstag mit viel Prominenz im Mühlenhof; wenige Monate später, am 29. Juli 2001 verstarb er. Seinem Sarg folgten viele Kiepenkerle ...

Clara Ratzka

Eine in Münster verliebte Literatin, die weder in unserer Stadt geboren noch hier gestorben ist. Aber gelebt hat sie hier, lustig, intensiv. Ihre Jugend, ihre prägenden Entwicklungsjahre verbrachte sie hier, in Promenadennähe und im Schatten der Domtürme. Geboren ist sie am 4. September 1872 in Hamm, wo ihr Vater Leiter eines Walzwerkes war. Im Alter von fünf Jahren zog sie mit ihren Eltern nach Münster, wo sie später die Domschule besuchte, der sie sich jedoch mit ihrem ungestümen Temperament überhaupt nicht einfügen mochte. Mit zwölf Jahren war sie Gymnasiastin an der Vorläuferin des heutigen Annette-von-Droste-Hülshoff-Gymnasiums, wechselte später auf ein Internat in Holland und danach auf eine Lehrerinnenbildungsanstalt in Koblenz, wo sie 1891 ihr Lehrerinnenexamen bestand. Von dort kehrte sie nach Münster zurück.

Ihren erlernten Beruf übte sie zum Leidwesen ihrer Eltern jedoch nie aus, vielmehr verkündete sie laut, sie wolle Schriftstellerin werden. Zunächst aber traf sie ihren ersten Mann, Clemens Linzen, den sie nach der Verlobung Ende 1892 im Juli 1894 in Münster heiratete. Im Oktober 1895 wurde in Unna, wohin sie mit ihrem Mann gezogen war, ihre erste und einzige Tochter (Vera) geboren. Die Ehe zerrüttete langsam, die Rolle als Nur-Hausfrau konnte Clara nicht ausfüllen. Im Jahre 1900 siedelte sie mit ihrer fünfjährigen Tochter nach Berlin über, wo sie in das freiheitlich-quirlige Großstadtleben eintauchte. Zehn Jahre später wurde die Ehe geschieden. Clara begann 1904 an der Berliner Universität ein Studium der Nationalökonomie (Volkswirtschaft), das sie 1912 an der Eberhard-Karls-Universität zu Tübingen mit Promotion abschloss.

Während ihrer Jahre in Berlin, wo sie auch ihren zweiten Ehemann kennenlernte, engagierte sie sich für vorher nie gekannte sozial schwache Menschen, für Obdachlose und besonders für ledige Mütter. Sie arbeitete mit in einigen Frauenvereinen, schrieb Beiträge für verschiedene soziale Blätter und gab selbst eine einschlägige Zeitschrift heraus. An der Spree lernte sie auch den damals sehr angesehenen und bekannten ungarischen Porträtmaler Arthur L. Ratzka kennen, den sie 1911 heiratete. Nach einem promotionsbedingten Aufenthalt in einer schönen Wohnung in Tübingen bezogen Clara und ihr Mann zusammen mit Claras Tochter Vera ein großes Haus in Berlin-Wilmersdorf.

In den ersten glücklichen Jahren reiste man durch Europa, lernte viele Städte und Landschaften kennen und erfuhr mannigfaltige Eindrücke, die ihren Niederschlag in einigen Romanen Claras fanden, deren erster („Blaue

Adria") Ende 1914 veröffentlicht wurde. Ihre schriftstellerische und dichterische Laufbahn hatte begonnen, es folgten in kurzen Abständen fünfzehn weitere Romane (zwei wurden mit bekannten Schauspielern verfilmt), etliche Essays und Gedichte.

Die immerwährende Liebe zu ihrer Heimatstadt Münster erkennen wir in zwei Sittenbildern aus Münster. 1919 erschien ihr Roman „Familie Brake", der in der Zeit vor dem 1. Weltkrieg in Münster spielt. In ihrem 1928 verlegten Roman „Im Zeichen der Jungfrauen" schildert sie das münstersche Leben nach jenem Krieg. Diese Romane fanden damals ein breites Lesepublikum, nicht nur in dieser Stadt. Clara Ratzka wurde in den zwanziger Jahren des vorigen Jahrhunderts eine sehr erfolgreiche Autorin, deren Bücher in angesehenen Verlagen mit hohen Auflagen erschienen.

Ihr Privatleben allerdings spiegelte die schriftstellerischen Erfolge nicht wider. Nach der Scheidung von Arthur L. Ratzka im Jahre 1919 siedelte sie in ein Landhaus in Priem am Chiemsee über, wo sie ein Jahr später den Diplomaten Ernst Wendler heiratete. Schon 1921 folgten die Rückkehr nach Berlin und kurz darauf ein dreijähriger Aufenthalt in London. Dann, wieder in Berlin, trat Clara eine lange Schiffsreise um die halbe Welt an und schrieb darüber Reiseberichte für den „Berliner Lokalanzeiger". Nach der Rückkehr nach Deutschland endete ihr unruhiges Leben am 3. November 1928 durch Freitod.

In Münster erinnern an sie eine kleine Straße im Osten der Stadt und eine Gedenktafel auf dem elterlichen Grab auf dem Zentralfriedhof. Ihre letzte Ruhe fand sie in Berlin auf dem Südwest-Friedhof.

Pinkus Müller

Es begab sich zu einer Zeit, als es in Münster noch keine elektrische Straßenbeleuchtung gab: Die Promenade wurde bei Dunkelheit schwach erhellt durch kleine Petroleumlämpchen, die eine kleine Gruppe junger Männer zu einem sportlichen Wettbewerb animierten. Voll des guten münsterschen Altbieres versuchten sie, jene Lämpchen auf wenig anständige Art und Weise zu löschen, wobei Carl Müller mit dem weitesten Strahl gewann. Seine Freunde tauften ihn darauf auf den Namen „Pinkulus", woraus später das verkürzte „Pinkus" entstand.

Pinkus (Carl) Müller wurde am 19. Februar 1899 in Münster geboren, wo seine Vorfahren seit Generationen eine Altbierbrauerei mit dazugehöriger Gaststätte, genannt „Altbierküche", betrieben. Solche Altbierküchen gab es im alten Münster durchaus in großer Zahl. Damit schien sein Leben vorgezeichnet: Nach seiner Schulausbildung in seiner Heimatstadt fuhr er in die bayerische (Bier-)Hauptstadt München, wo er das Brauereifach studierte. Nach erfolgreichem Abschluss kehrte er in die Brauerei und Altbierküche seines Vaters zurück.

In München lernte er aber nicht nur das Bierbrauen, sondern machte auch die Bekanntschaft berühmter Sänger, denen er wegen seiner reinen und hellen Tenorstimme auffiel. Er erhielt eine Gesangsausbildung bei dem Kammersänger Heinrich Knote und trat in Münster in verschiedenen Opern auf, beispielsweise in Mozarts „Zauberflöte". Auch der spätere Westdeutsche Rundfunk, in Münster unter dem Namen „Westdeutsche Funkstunde" gegründet, wurde auf Pinkus Müller aufmerksam; ab 1924 war der ambitionierte Sänger auch im Radio zu hören.

Am 14. Februar 1928 ging Pinkus Müller die Ehe mit Regina Holtkamp ein. Ihr zuliebe verzichtete er auf eine

Karriere als Sänger und bekannte sich zur Familientradition der Bierbrauer. Schon bald nach der Hochzeit begann er zusammen mit seinem Vater das baufällige Fachwerkhaus an der Kreuzstraße abzubrechen und ließ dort einen respektablen Neubau errichten. Darin befindet sich bis heute die allseits bekannte Gaststätte Pinkus Müller, deren Besuch zum Pflichtprogramm aller Münster-Besucher gehört.

In seiner Gaststätte gab er auch regelmäßig Kostproben seiner Sangeskunst zum Besten, zeitweilig gemeinsam mit dem Lautensänger Tönne Vormann, den Opernsängern/-innen Clemens Baltzer, Via Molitur, Trude Epping und vielen anderen in Münsters Theaterleben bekannten Musikschaffenden. 1935 nahm Pinkus an einem Wettbewerb für Amateursänger in Berlin teil, wo er erstmals mit Bierschürze auftrat. Seitdem galt er in den Medien als „singender Bierbrauer aus Münster".

Der stets lustige Pinkus liebte auch das karnevalistische Narrentreiben. Er war Mitglied der traditionsreichen Gesellschaft „Freudenthal" und wurde im Jahre 1930 zum Karnevalsprinzen gekürt. Beim damaligen Karnevalsumzug stellte die Brauerei Müller einen eigenen Wagen. Nach dem Zweiten Weltkrieg setzte er sich nachhaltig und erfolgreich für die Wiederbelebung des münsterschen Karnevals ein. Einen Karnevalslieder singenden prinzlichen Bierbrauer – das gab es nur in Münster! Damals verteidigte die westfälische Karnevalshochburg Münster gleichberechtigt ihren Platz neben Köln und Mainz.

Als Münster in Trümmern lag, setzte sich Pinkus Müller aktiv für den Wiederaufbau seiner über alles geliebten Vaterstadt ein. Zusammen mit anderen bekannten Münsteranern warb er unter anderem für die Wiederherstellung des Rathauses, des Theaters und vieler anderer Bauten. Die eigene Gaststätte war nur mäßig zerstört und konnte schon bald wieder eröffnet werden. Im dortigen Gästebuch finden sich neben lieben Versen „einfacher" Besucher auch ungeheuer viele Namen von Künstlern, von Politikern und vielen lebenslangen Freunden. Unvergessen bleibt der „Ziegenbaron" genannte Alfred von Renesse, der dort jahrelang einen eigenen Stammtisch besaß.

Pinkus Müller, dem mit 70 Jahren die Paulus-Plakette der Stadt Münster verliehen wurde, starb am 1. September 1979 in Münster. Sein Name lebt fort in vielen Biersorten (Pinkus-Biere) und an den Tischen der stets gut besuchten Altbierküche in der Kreuzstraße, wo münsterschen und auswärtigen Gästen neben dem obergärigen Bier viele westfälische Küchenspezialitäten angeboten werden.

WER WAR EIGENTLICH ...

Eli Marcus

Sein eigentlicher Vorname war Elias, ein alttestament-licher Name, hindeutend auf seine jüdische Religion. Das Licht der Welt erblickte er am 26. Januar 1854 in Müns-ter, jener Stadt, der zeitlebens seine Liebe ebenso galt wie ihrer damals noch gesprochenen Sprache. „In de gueden deftigen Börgerhüser kürden se am leiwsten en Mul vull Platt", schrieb er später einmal.

Elias' Vater Samuel Marcus war gelernter Gerbermeis-ter und betrieb fast dreißig Jahre lang einen Lederhandel in Münster. Im Jahre 1875 gründete er am Roggenmarkt die Schuhhandlung S. Marcus, in die Eli (so kürzte er seinen Vornamen später ab) nach entsprechender Aus-bildung eintrat und die er nach dem Tode seines Vaters gemeinsam mit seinem Bruder Julius fortführte. Zuvor besuchte er vier Jahre lang (quellenmäßig nicht belegt) wohl die Marks-Haindorf-Stiftung, eine jüdische Elemen-tarschule, deren Gebäude heute noch am Kanonengraben stehen. In den Jahren 1864/65 war er Schüler des späteren Ratsgymnasiums und wechselte danach auf die von dem Rabbiner Philipp Heidenheim geleitete Religionsschu-le in Sondershausen in Thüringen. Als Vorbereitung auf den Eintritt in das väterliche Schuhgeschäft absolvierte er noch eine kaufmännische Lehre in Bochum.

Schon früh trieb ihn die Lust am „Fabulieren" und am Theaterspiel um, und so war es beinahe selbstverständ-lich, dass er im Jahre 1881 in die sechs Jahre zuvor von Professor Hermann Landois gegründete „Abendgesell-schaft des Zoologischen Gartens" eintrat, in der er sehr schnell zu einer der „tragenden Säulen" wurde. Gemein-sam mit Landois selber und weiteren Autoren wie Fritz Westhoff („Longinus") und Wilhelm Pollack schrieb er viele Fastnachtsspiele in seinem geliebten münsterländi-schen Platt, darüber hinaus aber auch einige Stücke als

alleiniger Verfasser. In einem seiner mitverfassten Werke („Mester Tüntelpott oder De olle Wallhiege oder Dat wull") trat er selber als Schaupieler auf der Bühne auf in der Rolle des Originals Natzohme, dessen Namen er später auch als Pseudonym benutzte. Eine Aufzählung aller AZG-Stücke würde den Rahmen dieses Aufsatzes sprengen; zwei Beispiele mögen genügen: „Söffken van Gievenbeck ..." und „Kirro de Buck - de Huoltwürmer in China ...".

Neben diesen volkstümlichen Komödien begann Eli Marcus auch, plattdeutsche Gedichte zu schreiben, in denen er die Schönheit Münsters und seiner Umgebung „besang". Erschienen seine Poeme zunächst anonym in verschiedenen Zeitschriften, folgten später unter seinem Namen eigene Gedichtbände: „Schnipsel vom Wege des Lebens", „Düörgemös" und „Sunnenblomen". Auch sind verschiedene kurze Erzählungen überliefert, denen allerdings keine größeren Erfolge beschieden waren, obwohl sie amüsant zu lesen sind wie beispielsweise „He hät sick verriäckend. En mönsterländer Vertällsel, bi'n Heerd- füer vertällt". Aus seinem Gedicht über die plattdeutsche Sprache seien vier Verse zitiert:

> *Un wenn se Alle lacht mi ut,*
> *Ick bliew an't plattdütschk küren,*
> *So däftig äss't män will herut,*
> *Un laot mi gar nich stören.*

Anlässlich seines 150. Geburtstages erschien im Verlag Aschendorff ein Gedächtnisbüchlein mit dem wunderschönen Titel „Ick weet en Land", entnommen einem Gedicht von Eli Marcus. In seinem Beitrag zu diesem Buch schreibt Siegfried Kessemeier unter anderem: „Plattdeutsch ist für Eli Marcus ein Teil seiner Beheimatung in Münster gewesen. Dadurch, dass er es literarisch gebrauchte, bekannte er sich zu Münster und der Region Westfalen als seiner Herkunft. Dies ist kein Problem der Assimilation, denn er passte sich ja nicht an! Er besaß diese Sprache neben Hochdeutsch als „seine eigene". Er hatte nicht die Position eines Fremden. Er war ein Hiesiger. Ihm wegen seiner jüdischen Herkunft und Religion Fremdheit zusprechen zu wollen, ist eine falsche Einschätzung, ein aus Außensicht kommendes Konstrukt."

Eli Marcus verstarb am 13. September 1935 und wurde auf dem hiesigen jüdischen Friedhof beigesetzt. In der niederdeutschen Literatur hat er seit langem seinen festen Platz, im Westfälischen Autoren-Lexikon von 1997 ist er selbstverständlich auch vertreten. Im Jahre 1966 erfährt er in Münster eine späte Ehrung: im Stadtteil Kinderhaus wird eine Straße nach ihm benannt.

WER WAR EIGENTLICH ...

Maria Beckmann

„Ick weet, ick bliew solang ick liäw, in Kinnerhus to-
hus". – Kein Lippenbekenntnis, Gott bewahre!, sondern
gelebte Liebe zu dem Ort ihrer Geburt, dem münsterischen
Stadtteil Kinderhaus. Dort kam sie am 12. Oktober 1914
zur Welt, dort starb sie am 9. Dezember 2002. Dort hat sie
gewirkt und vielfältige Spuren hinterlassen im Leben dieses Stadtteils, das sie unermüdlich aktiv mitgestaltet hat.

Als Kind spielte Maria, die Tochter des Gärtnermeisters
Josef Eller, oft auf dem großen parkähnlichen Gelände der
Villa Zimmermann. Die Familie Eller wohnte in der „klei-
nen Villa", einem Wohnhaus an der Ecke Grevener Straße/
Am Burloh, während der aus Gelsenkirchen stammen-
de Bauunternehmer Wilhelm Zimmermann mit seiner
Familie die „große" Villa im Park bezogen hatte. Nach dem
Ersten Weltkrieg ließ Zimmermann auf seinem Areal große
Obstwiesen anlegen; sein Gärtner Josef Eller pflanzte dort
Hunderte von verschiedenen Obstbäumen.

Schon als Schülerin entwickelte Maria Beckmann eine
Affinität zu Geschichten und Gedichten, wobei vielleicht
auch die Brüder Grimm anregende Paten waren. Immerhin versuchte sie bereits im zarten Alter von zwölf Jahren
erste Verse zu schmieden. Ihr erstes Gedicht verfasste sie
in plattdeutscher Sprache, der ihre besondere Liebe galt.
Sie schrieb jedoch auch hochdeutsche Reime; ein besonders schöner Vers sei hier zitiert:

> *„Ein Lächeln kostet wenig Mühe*
> *und bringt doch reichlichen Gewinn,*
> *bringt Mut und Heiterkeit – und siehe:*
> *ein Licht geht auf in Herz und Sinn. "*

Im Laufe ihres reichen Lebens verfasste sie Hunderte von Gedichten, die zum Teil in den münsterischen
Tageszeitungen und einigen Kinderhauser Stadtteilblät-
tern abgedruckt wurden, aber immer noch auf eine Veröf-

fentlichung in einer Gesamtausgabe warten. Plattdeutsch empfand sie als ihre Muttersprache und setzte sich überzeugt für deren Pflege ein. Sie gehörte zu den Mitbegründerinnen des von Paula Wilken im Jahre 1982 ins Leben gerufenen Plattdeutschen Gesprächskreises und nahm an verschiedenen Wettbewerben teil, unter anderem an „Platt küern mit der MZ", wo sie den 1. Platz belegte. Daneben gehörte sie auch der Niederdeutschen Bühne am Stadttheater an, wo sie in verschiedenen plattdeutschen Stücken mitspielte.

Ihre Heimatliebe konnte sie zwischen den beiden Weltkriegen auch beruflich „aus"leben: Als Mitarbeiterin des damaligen Verkehrsdirektors und späteren Gründers des Freilichtmuseums Mühlenhof Theo Breider erkundete sie zusammen mit ihm zahlreiche Wege um Münster, die sich zum Radfahren eigneten. Alle „Pättkes" genannten Pfade wurden sorgfältig verzeichnet und kartographiert und zu sogenannten Pättkestouren zusammengestellt. Daraus entstand dann der erste Pättkesführer, der zusammen mit den Fahrradfahrten ein großes Echo in in- und ausländischen Medien fand. Ihr oblag die Organisation der „Internationale Presse-Pättkes-Touren" genannten

Fahrten. Sie interessierte sich auch sehr für westfälisches Brauchtum und arbeitete ehrenamtlich eng mit Frau Prof. Martha Bringemeier in der Volkskundlichen Kommission von Westfalen zusammen.

Zu nennen ist aber auch ihr großes gesellschaftliches Engagement für ihren Stadtteil. Schon sehr früh setzte sie sich für bessere Stadtbusverbindungen von der Innenstadt nach Kinderhaus ein. Insbesondere die Besucher von abendlichen Konzerten und Theateraufführungen hatten Schwierigkeiten mit langen Heimwegen bei Dunkelheit, weshalb Maria Beckmann auch die Stadt zur Installierung ausreichender Laternen aufforderte. Als in der zweiten Hälfte des vorigen Jahrhunderts die Bewohnerschaft von Kinderhaus rasant zunahm, war es für sie auch eine Herzensangelegenheit, sich um das Zusammenwachsen der Kinderhauser Neubürger mit den „Alteingesessenen" zu kümmern. Sie sprach zwar gerne Plattdeutsch, suchte jedoch auch auf Hochdeutsch Kontakt zu den Neubürgern aller Kulturkreise.

Nicht vergessen werden darf ihr Einsatz zur Gründung des „Stammtisch Kinderhaus", dem Vorläufer der heutigen Bürgervereinigung Kinderhaus für Kultur, Heimatpflege und Naturschutz (BVK). Sie wirkte am 22. Oktober 1986 aktiv bei der Gründung der BVK mit und war Schriftführerin in deren erstem Vorstand. Auch an der Entstehung des Heimatmuseums Kinderhaus im Jahre 1992, von Adolf und Ruth Betz mit Fleiß und Liebe zum Detail eingerichtet, war sie maßgeblich beteiligt. Dort fand auch eine Gedenkveranstaltung zum 100. Geburtstag der unvergessenen Kinderhauserin, initiiert von ihrer langjährigen lieben Weggefährtin Ruth Betz, statt. Die Erinnerung an Maria Beckmann und ihre (teilweise auch vertonten) Gedichte lebt weiter.

Elisabet(h) Ney

Ihr Vorname wird in der deutschen Sprache mit einem langen e gesprochen (wie bei „Beet"). Die englische Sprache hingegen lässt ihn mit einem im Deutschen nicht bekannten lautlosen Lispellaut enden: So kennen wir alle die Aussprache des englischen „th" oder „ti-äitsch". Derartig entstellt aber wollte sie ihren Vornamen nicht hören, weshalb sie sich in Amerika nur noch Elisabet – ohne h – nannte.

Aber noch ist sie in Münster, wo sie am 26. Januar 1833 das Licht der Welt erblickte. Getauft wurde sie in St. Martini, gewohnt hat sie bei ihren Eltern, in deren Haus Ecke Bohlweg/Piusallee (heute nicht mehr vorhanden), wo seit einigen Jahren eine bronzene Gedenktafel die Erinnerung an die später berühmt gewordene Münsteranerin wachhalten soll. Nicht weit davon entfernt ist auch eine Straße nach ihr benannt. Eingeschult wurde sie sechs Jahre später in die Mädchenschule im Martiniviertel, danach besuchte sie die Domschule.

Schon früh entdeckten die Eltern die künstlerische Begabung ihrer Tochter, die vielleicht auch genetische Gründe hatte; schon ihr Vater Johann Adam Ney war Bildhauer mit einem Werkstatt-Atelier. Dort erlernte sie die Kunst der Bildhauerei und wurde gleichzeitig bei einem münsterschen Porträtmaler im Zeichnen und Malen ausgebildet. Erste Plastiken waren Belege für ihr außergewöhnliches Talent und ließen bei ihr den Wunsch nach vertiefter künstlerischer Ausbildung reifen. Dazu musste sie allerdings Münster verlassen, was auf starken Widerstand ihrer Eltern stieß – alleinwohnende selbstständige und studierende Frauen vertrugen sich nicht mit den vorherrschenden Vorstellungen. Aber sie setzte sich durch – mit einem ungewöhnlichen Mittel, einem Hungerstreik.

Im November 1852 wurde sie in die Königliche Akademie der Künste in München aufgenommen, eine außerordentliche Ausnahme, denn diese Akademie war damals für Frauen noch nicht zugänglich. Sie war dort zwei Jahre lang Schülerin von Wilhelm von Kaulbach und beendete danach mit großem Erfolg ihre Münchener Studienzeit. In der bayerischen Hauptstadt lernte sie nebenbei ihren späteren Ehemann kennen. 1854 wechselte Elisabeth Ney nach Berlin, wo sie prägende künstlerische Impulse erhielt. Ihre besondere Begabung und die schon geschaffenen Kunstwerke weckten die Aufmerksamkeit des damals einflussreichsten Bildhauers Daniel Rauch, dessen Schülerin sie wurde. Ihre Haupttätigkeit in Berlin – und später – bestand im Schaffen klassischer Bildnisbüsten.

Auf der Berliner Akademieausstellung des Jahres 1856 zeigte sie erstmals einige ihrer Arbeiten; die einschlägige Kunstpresse lobte sie überschwenglich. Durch Vermittlung ihres Lehrers Rauch fand sie Zugang zu angesehenen Berliner Kreisen. Ihre Büsten orientierten sich an klassischen griechischen und römischen Vorbildern, berühmte Persönlichkeiten saßen ihr Modell, zum Beispiel Jakob Grimm, Alexander von Humboldt, Franz Liszt und sogar der letzte König von Hannover, Georg V. Auch in Münster befanden sich Porträts mehrerer westfälischer Persönlichkeiten, darunter Justus Möser und Franz von Fürstenberg, die leider im späteren Bombenkrieg zerstört wurden. König Ludwig II. von Bayern war von ihr so begeistert, dass er ihr in München eine Villa bauen ließ.

Im Jahre 1863 heiratete sie auf Madeira den schottischen Arzt Edmund Montgomery, mit dem sie acht Jahre später 1871 nach Amerika auswanderte, um dort jenseits künstlerischer Tätigkeit eine Farm aufzubauen und ein ländliches Leben zu führen, was jedoch nicht glückte. Sie gebar zwei Söhne, deren ältester noch im Kindesalter verstarb. Nach einigen Umzügen bezog sie 1892 in der texanischen Hauptstadt Austin ein neues Domizil, nahm ihre Bildhauerei wieder auf und konnte dort auch ein neues Atelier einrichten. Neben vielen Porträts schuf sie Statuen der Gründer des Staates Texas, Sam Houston und Stephen F. Austin, für die Weltausstellung 1893, deren Marmorfassungen später vor dem Houstoner Kapitol aufgestellt wurden. Sie wurde in Amerika lange Zeit als große Künstlerin verehrt. Nach ihrem Tode am 29. Juni 1907 besorgten Freunde in Austin die Errichtung eines Elisabet Ney Museums.

In Münster befinden sich verschiedene ihrer Werke im LWL-Landesmuseum und im Stadtmuseum. Nach einer kleineren Ausstellung im Stadtmuseum im Jahre 1997 fand dort im Frühjahr 2008 eine umfassende Ney-Retrospektive mit vielen internationalen Leihgaben statt.

Franz Essink

Auf diese Frage findet der Fußgänger, welcher die gleichnamige Straße zwischen Niedersachsenring und Potthoffweg durchläuft, keine unmittelbare Antwort, denn das Straßenschild enthält leider keine zusätzliche Erläuterung. Bei seiner Suche in dem Internet-Lexikon „Münster-Wiki" findet er den Hinweis, dass Franz Essink ein Gelbgießer war und im 19. Jahrhundert in unserer Stadt lebte. Ein Gelbgießer (auch Grapen- bzw. Gropengießer genannt) goss aus flüssigem Messing gelbschimmernde Metallgebilde wie beispielsweise Schnallen, Armaturen, Beschläge oder auch künstlerische Figuren.

Essink war ein eigenwilliger Junggeselle und origineller Eigenbrötler. Geboren am 25. April 1801, getauft in der St. Ludgeripfarre (im dortigen Taufregister unter dem Namen „Franß Jos. Eshing" vermerkt) musste er mit verschiedenen Schreibweisen seines Namens vorlieb nehmen: Frans/Franz Essing/Essink. Er wohnte sein ganzes Leben lang im Doppelhaus seiner Eltern Bernhard und Antonetta Essing auf der Rothenburg mit der damaligen Bezeichnung „Aegidii-Laischaft 27/28". Heute – nach den Zerstörungen des Zweiten Weltkrieges – steht dort ein neues Haus, in dessen Erdgeschoss sich die altmünstersche Gaststätte „Töddenhoek" befindet. Zusammen mit seinen Geschwistern Maria Elisabeth Antoinnette und Wilhelm verlebte er dort eine glückliche Kindheit.

Über den Menschen Franz Essink sind erstaunlich wenige Fakten bekannt. Auf jeden Fall kannte er den jüngeren Zoogründer Professor Hermann Landois (1835 bis 1905) sehr gut, einen lustigen stets zu humorvollen Streichen aufgelegten Menschen einerseits und einen akribischen Naturwissenschaftler andererseits. Er verkehrte in den Kreisen des «unwiesen» Professors ebenso wie der Baron von Romberg («toller Bomberg») und Fritz Westhoff (wegen seiner Körpergröße auch «Longinus» genannt). Dazu gehörte auch der Gymnasiallehrer Franz Giese (1845 bis 1901), der am bekannten Gymnasium Paulinum (dem ältesten Deutschlands?) die Matura erhielt. Ebenso wie Landois und Westhoff schrieb auch Giese gerne deftige Geschichten in plattdeutscher Sprache.

Nun erschien im Jahre 1874, also drei Jahre nach dem Tode unseres Protagonisten, im Verlag Coppenrath ein fünfbändiger Roman mit dem Titel: „Frans Essink. Sien Liäwen un Driewen äs aolt Mönstersk Kind". Als Autor war Hermann Landois genannt, was offensichtlich nur teilweise stimmte. Richtigerweise hätte an erster Stelle Franz Giese stehen müssen, an dessen (Haupt-)Autorenschaft, wie der Historiker Bernd Haunfelder vor einigen Jahren schrieb, inzwischen keinerlei Zweifel mehr bestehen. Landois habe aus der persönlichen Bekanntschaft mit Essink nur einige Anekdoten beigesteuert. Inzwischen hat die Romanfigur längst den wirklichen Gelbschmied überlagert.

Eine kurze Episode aus dem Roman sei hier wiedergegeben: „Dat iß es alle nich, sagg Essink, waorüm ick ni Iserbahn nich will; ick häwwe ganz annere Grünne. Use Härguod hädd dat Isen doch maket, da wi Nägel, Hammers, Filen un Slötter daorut maken söllt un kine Straoten un Wiäge. Un Iserbahn, dat iß Düwelswiärks! Met ne Iserbahn – un dat seih ick vüorut – geiht uß alles ut't Land. ... – Nee, nee!, schreien alle, Essink hädd Recht, un Recht mott Recht bliwen! Wi behollt usse Gäorens un trecket graute Bauhnen derin; dat brenkt uß mähr äs sonnen Bahnhof met de Lockemetiewwen! – Kinners, Kinners, sagg de Klokkengeiter Bimmel, üöwerihlt ju doch nich un eriwert ju nich so! Nao minen dummen Kopp to uedeelen, könn wi dat Iserbahnbauen doch nich ächterdriwen un üöwer kuort off lank krige wi se doch. Ick will ju en annern Vüörslag maken: Wi laotet de Kölsken ruhig de Bahn bauen; laotet se dat Dink öüwer Hamm leggen, dann iß se wid nog van de Hand. – Van Hamm bauen wi dann ne Twigbahn nao Mönster." – So kam es dann tatsächlich: Die Köln-Mindener Bahn wurde über Hamm geführt, wo wir, wenn wir mit dem Zug nach Berlin reisen wollen, auch heute noch umsteigen müssen.

Essink scheint im Alter nicht unvermögend gewesen zu sein. Immerhin bestimmte er in seinem Testament die Stadt Münster zu seiner Erbin mit der Auflage, das Geld für das Clemenshospital und für den städtischen Armenfonds zu verwenden. Er starb am 31. Dezember 1871 und wurde auf dem damaligen Aegidii-Ludgeri-Friedhof beigesetzt, wo mittlerweile die Antoniuskirche steht. Sein Grab befindet sich heute unter dem Gehweg der Moltkestraße, in den im Jahre 1958 ein Steinmosaik zur Erinnerung an diesen Romanheld gewordenen Münsteraner eingelassen wurde.

Paula Wilken

Die nächstliegende Antwort auf diese Frage wird der unbefangene Leser in „MünsterWiKi", der freien Internet-Enzyklopädie mit Informationen über Münster suchen ... aber nicht finden, denn in dieser Enzyklopädie kennt man Paula Wilken (noch) nicht. Der nächste Versuch, der Blick in das „Lexikon Westfälischer Autoren und Autorinnen 1750-1950" bleibt auch recht unbefriedigend; dort steht über sie zu lesen: „Geboren am 13. März 1910 in Ascheberg. Hausfrau. Betreute nach 1945 in Ascheberg eine Laienspielgruppe, für die sie Bühnenstücke verfasste, Regie führte und in der sie selbst als Schauspielerin auftrat. Daneben gestaltete sie bunte Abende mit kleinen Einaktern, heiteren und ernsten Stücken sowie plattdeutschen Gedichten und Liedern westfälischer Autoren. Sie starb am 26. September 1988 in Münster."

Keine dieser Angaben ist falsch, nur alle sind unzureichend und ungenau. Kein Hinweis vor allen Dingen darauf, dass sie bereits 1933 in den münsterischen Stadtteil Kinderhaus übersiedelte und dort ihren eigentlichen Wirkungskreis fand und eben nicht zur Nur-Hausfrau, sondern zu einer angesehenen niederdeutschen Dichterin mutierte. Die beste Darstellung des Lebens und Wirkens von Paula Wilken findet sich in dem umfangreichen Aufsatz von Ruth Betz „Paula Wilken, die ‚Grande Dame' des Niederdeutschen - Ein Rückblick in persönlichen Erinnerungen" in dem von Thomas Eickhoff im Jahre 2010 im Ardey-Verlag in Münster herausgegebenen Sammelband „Münster-Music".

Natürlich war sie des Hochdeutschen mächtig, aber ebenso natürlich schrieb sie ihre Verse in ihrer geliebten Muttersprache Plattdeutsch. Einer ihrer Wahlsprüche lautete: „En propper Platt is jüst so fien äs Hauchdütsk,

Englisk of Latien". Spätestens seit der Lyrik von Johann Peter Hebel (1760-1826) und Klaus Groth (1819-1899) ist ja anerkannt, dass Mundartdichtung beileibe nicht nur „leichtfüßig" ist (siehe auch „Kringe, Quinten & Korinthen" von Hannes Demming). Sieben Theaterstücke schrieb sie, ungezählte Gedichte und Lieder, die oft aufgeführt, gesungen und begeistert gelesen wurden. Im Heimatmuseum Kinderhaus befinden sich sämtliche Original-Rollen- und Textbücher. Schon früh erschienen ihre Lyrikbände und auch eine Schallplatte. Man kannte sie im Ruhrgebiet, im Emsland, im Osnabrücker Land, erst recht natürlich in Münster und im Münsterland, wo ihr Name oft im Verein mit Eli Marcus, Anton Aulke und Augustin Wibbelt genannt wird.

Ihre Liebe galt sowohl der plattdeutschen Sprache als auch ihrer Wahlheimat Kinderhaus. 1951 gründete sie zusammen mit Dr. Gustav Merten den immer noch bestehenden „Plattdüsken Krink Mönster". Dreißig Jahre später hob sie sodann 1982 den „Plattdeutschen Gesprächskreis Kinderhaus" aus der Taufe, der heute von Helmut Baumeister geleitet wird. Das zwanzigjährige Bestehen dieses Kreises wurde am 12. Mai 2002 mit einem plattdeutschen Gottesdienst in der alten Kirche St. Josef und einem anschließenden Essen im Bürgerhaus gefeiert. Für ihr Engagement für die plattdeutsche Sprache wurde Paula Wilken 1985 mit dem Bundesverdienstkreuz am Bande aus der Hand von Oberbürgermeister Dr. Jörg Twenhöven in der Rüstkammer des Rathauses ausgezeichnet.

Ihrer Affinität zu Kinderhaus verlieh Paula Wilken bereits 1948 in ihrem „Kinnerhuser Lied" beredten Ausdruck. Der erste Satz des Refrains lautet: „In Kinnerhus dao wuehn't sick schön, dao wuehnt so nette Lüü." Sie mischte sich stets fruchtbar in das Leben ihres mit Menschen vieler Nationalitäten wachsenden Stadtteils ein, was auch im Jahre 1987 durch die Ehrenmitgliedschaft in der Bürgervereinigung Kinderhaus anerkannt wurde. Nach ihrem Tode wurde 1989 ein Weg nach ihr benannt: die heutige „Paula-Wilken-Stiege" von der katholischen Pfarrkirche zur Kristiansandstraße (wo sie viele Jahre wohnte), zwischen dem schönen Kinderbachtal auf der einen und dem Friedhof auf der anderen Seite, symbolisch Leben und Tod dialektisch vereinend. Weiterhin wurde zum Gedenken an eine großartige Kinderhauserin im dortigen Heimatmuseum im Jahre 2009 eine Vitrine mit Fotos, Dokumenten und verschiedenen persönlichen Gegenständen aufgestellt. Dem damit verbundenen Gedanken entspringt auch dieser Aufsatz, dessen Anliegen es ist, allzu schnell in Vergessenheit Geratenes von Zeit zu Zeit wieder aufzufrischen.

Bonifatius Reichsgraf von Hatzfeld-Trachenberg

Fast jeder Münsteraner wird schon einmal auf dem Wege nach Handorf den Boniburger Wald zu Fuß oder mit dem Fahrrad durchquert haben. Kaum einer weiß jedoch, wer der Namensgeber dieses Waldes und der heute nicht mehr vorhandenen „Boniburg" war, und wann und warum jener Wald angepflanzt wurde. In der ersten Hälfte des vorigen Jahrhunderts war das damalige an der Werse gelegene „Kurhaus Boniburg" ein beliebtes Ausflugsziel münsterscher Familien.

Bonifatius wurde am 27. April 1854 in Paris geboren, wo sein Vater Maximilian Reichsgraf von Hatzfeld-Trachenberg als preußischer Gesandter bei der französischen Regierung tätig war. Als Bonifatius gerade einmal fünf Jahre alt war, verstarb sein Vater. Er gelangte danach in die Obhut seiner Großmutter Herzogin Dorthe von Sagan und wuchs in der gleichnamigen schlesischen Kreisstadt, dem Sitz der Herzöge von Sagan, auf. Was ihn später zu einer Umsiedlung an die Werse veranlasste, konnte trotz intensiver Nachforschungen nicht festgestellt werden.

Am Ufer jenes Flüsschens befand sich im 19. Jahrhundert eine einfache Villa, errichtet von dem preußischen Regierungsrat Eduard von Schleebrügge, die Bonifatius im Jahre 1873 kaufte und zunächst nach eigenen Vorstellungen umgestaltete. Später wurde dieses Haus jedoch niedergelegt und durch einen schlossähnlichen Bau im Stil der Neorenaissance ersetzt, den die Münsteraner „Boniburg" tauften. Das Geld für diesen Bau und weitere Neugestaltungen stammte aus dem Vermögen seiner Ehefrau Olga von Manonkbey, die aus ihrer Schweinezucht in Weißrussland über große Einkünfte verfügte, weshalb sie im Volksmund auch „Schweineprinzessin" genannt wurde.

Ansichtskarte um 1925

Bonifatius war ein passionierter Jäger; er kaufte die zwischen der „Boniburg" und der Eisenbahnstrecke nach Osnabrück gelegenen Grundstücke und ließ sie nach und nach aufforsten. So entstand dort nach einigen Jahren sein eigenes Jagdrevier, der Boniburger Wald. Er beschäftigte zeitlebens viele Handwerker und Arbeiter, für die er unter Aufsicht seiner Wirtschafterin Maria Seiffert in erreichbarer Nähe ihres Arbeitsortes kleine Wohnhäuser errichten ließ, woraus der heutige Stadtteil Mariendorf erwuchs. Weiterhin setzte er sich, inzwischen Ehrenamtmann der Landgemeinde Sankt Mauritz, gemeinsam mit dem Mühlenbesitzer Hovestadt dafür ein, den Bahnhaltepunkt Sudmühle zu einer Güterstation auszubauen, was mit Zustimmung der Königlich-Preußischen Eisenbahnverwaltung 1890 auch geschah.

Graf Bonifaz, wie er auch genannt wurde, pflegte auch gute Beziehungen zum Bistum und zur katholischen

Geistlichkeit. Besonders am Herzen lag ihm die Dyckburg-kirche, an die er einen achteckigen Rundbau nach dem Vorbild einer Gnadenkapelle in der italienischen Provinz Ancona anfügen ließ. Auch sorgte er immer für eine festliche Ausstattung von Kirche und Kapelle. Später ließ er die Anlage durch eine Grabkapelle für sich und seine Gattin erweitern, die beide darin nach ihrem Tode beigesetzt wurden. Die Grabplatten mit entsprechender Inschrift sind auch heute noch vorhanden. Eine etwas problematische Auseinandersetzung mit den Schwestern von der Göttlichen Vorsehung wegen der Errichtung eines Klosters und einer Schule (der Graf fürchtete Beeinträchtigungen seiner Jagd) wurde von ihm großzügig beendet.

Die soeben erwähnten Einkünfte aus der Schweinezucht seiner Frau versiegten Anfang des vorigen Jahrhunderts. Nach dem Ausbruch der russischen Oktoberrevolution im Jahre 1917 floss kein Geld mehr nach Deutschland. Gräfin Olga verstarb Ende 1920. Kurz danach heiratete Bonifatius die Belgierin Aline Janssens, die er früher bereits kannte. Die Ehe endete allerdings bereits nach drei Monaten durch den Tod des Grafen am 31. Oktober 1921. Aline Collée (inzwischen hatte sie einen holländischen Fabrikanten geheiratet) war Alleinerbin der „Boniburg" und sämtlicher Ländereien. Im März 1924 verkaufte sie den gräflichen Besitz an die Stadt Münster, welche die „Boniburg" an einen Gastronomen verpachtete. Aus ihr wurde ein beliebtes Ausflugslokal mit Bootsverleih. – Nach dem Zweiten Weltkrieg wurde das Haus auf verschiedene Weise genutzt, ohne weiter gepflegt zu werden, verfiel dabei immer mehr und wurde schließlich Ende 1970 gesprengt und dem Erdboden gleichgemacht.

Anni Buschkötter

Antwort: eine viele Jahre in Kinderhaus lebende bildende Künstlerin, deren Werke zum Teil im Jahre 2002 in der Jahresausstellung der Kinderhauser Artothek in der Bürgerhalle des münsterschen Rathauses mit dem Titel „Begegnung mit Künstlern aus Münsters Norden" gezeigt wurden. Sie ist schon fast in Vergessenheit geraten, obwohl viele Münsteraner beinahe täglich an einem ihrer Kunstwerke auf dem Rasen des Servatiiplatzes (achtlos?) vorbeigehen.

Geboren wurde Anni Buschkötter am 26. August 1913 in Oberhausen-Sterkrade; sie starb hochbetagt am 17. August 2010 in ihrer Wahlheimat Münster, in die sie nach ihrer Heirat im Jahre 1939 kam. Im gleichen Jahr begann der Zweite Weltkrieg – die Rheinländerin erlebte also unmittelbar die Kriegszerstörung und den Untergang des alten Münsters. Auch nahm sie die Ungerechtigkeit des Krieges und deren menschliche Folgen sehr bewusst wahr.

Nach ihrer Schulzeit in einem Mädchengymnasium liebäugelte sie mit dem Beruf einer Bühnenbildnerin. Aber es kam anders. Der Verlust des elterlichen Vermögens zwang sie zu einem Brotberuf. Neben ihrer Ausbildung zur Buchhalterin ging sie gezielt ihren künstlerischen Neigungen nach und belegte in Oberhausen Abendkurse für Schriften und Keramik. Durch Heirat, Familie und Krieg musste sie diese Neigungen jedoch in den Hintergrund stellen und fand erst Jahre danach den Mut, ihre künstlerische Ausbildung in Münster fortzusetzen.

An der damaligen Werkkunstschule, der Vorläuferin des Fachbereichs Design der heutigen Fachhochschule, nahm sie erneut ein Studium auf. Bekannte Künstler(innen) bildeten sie aus: Kurt Schwippert, Hildegard

Schürk-Frisch, Karl Ehlers, um nur einige zu nennen. Durch verschiedentliche Aufenthalte in Sizilien erweiterte sie ihre Studien. Von sich selber schrieb sie später: „Ich arbeite in Stein, Beton, Bronze, Holz, Stahl, Eisen, Keramik, Holzschnitt u. a.". Ihre Kunstwerke befinden sich an verschiedenen Orten im Freien und in Museen. In den Jahren 1963 bis 1982 unterrichtete sie auch selber im „Haus der Familie" in Münster.

Ihr in Münster wohl bekanntestes Kunstwerk ist das Denkmal „Unteilbares Deutschland" am Servatiiplatz. Das „Kuratorium Unteilbares Deutschland" hatte im Jahre 1960 einen Wettbewerb zum Thema „Die Trennung Deutschlands" ausgeschrieben, den Anni Buschkötter kurz nach ihrem erfolgreichen Abschluss an der Werkkunstschule gewann. Zwei mit Eisenketten eng verbundene 3,20 Meter hohe Betonklötze waren damals Symbol für die Untrennbarkeit Deutschlands. Die Ausführung

des Mahnmals lag in Händen der Firma Peter Büscher & Sohn; es wurde am 18. Dezember 1960 enthüllt. Das Modell befindet sich im „Haus der Geschichte" in Bonn.

Neben ihrer künstlerischen Arbeit setzte sich die Protagonistin schon sehr früh für die Freilassung deutscher Kriegsgefangener in Russland ein. Sie korrespondierte mit vielen bekannten Persönlichkeiten, unter anderem mit Walter Kempowski und sogar mit Konrad Adenauer. 1955 nahm sie mit der um Freilassung ihres Sohnes ersuchenden Mutter Cäte Stiff an einem „Sit-in" in Genf anlässlich eines Treffens der vier Großmächte teil – erfolgreich. Einige Zeit später konnte Heinz Stiff nach Münster zurückkehren. Es ist gut, dass der Stadtheimatbund an diese engagierte Künstlerin erinnert, die lange Jahre der Bürgervereinigung Kinderhaus e.V. angehörte und sich auch engagiert für die Einrichtung einer Artothek in diesem Stadtteil eingesetzt hat.

Paul Reiser

Paul Reiser erblickte am 1. Januar 1924 in Dortmund-Mengede das Licht der Welt, wo er auch die Reifeprüfung ablegte. Als Pädagogikstudent lernte er später seine aus Münster stammende Ehefrau kennen und zog 1954 mit ihr in das Dorf Angelmodde, das damals politisch noch zum Amt Wolbeck gehörte. Dort war er von 1956 bis 1963 Fraktionsvorsitzender der CDU.

Während seines zunächst begonnenen Studiums der Philosophie und Theologie zog es ihn zum Lehrerberuf, und er besuchte die Pädagogische Akademie Lünen/Dortmund. Nach dem Ablegen der Zweiten Staatsprüfung erhielt er eine Stelle als Lehrer an der heutigen Annette-von-Droste-Hülshoff-Grundschule in Angelmodde, wo auch seine Frau unterrichtete. Damit nicht genug: Stark intrinsisch motiviert nahm er noch ein weiteres Studium auf: Publizistik (heute: Kommunikationswissenschaften) und Kunst und wurde nach erfolgreichem Abschluss 1970 Fachleiter Kunst für Lehramtskandidaten. Zwei Jahre später erhielt er obendrein noch einen Lehrauftrag für Kunstdidaktik an der Abteilung für Kunsterzieher Münster der Staatlichen Kunstakademie Düsseldorf (der heutigen Kunstakademie Münster).

Paul Reiser engagierte sich, selbst Vater von sechs Kindern, lange Zeit im Vorstand des „Bund der Kinderreichen" und erreichte für sechs kinderreiche Familien den Kauf von erschwinglichen Baugrundstücken in der Vogelrohrsheide, wo auch sein Haus noch heute steht. Anfang der 70er Jahre des vorigen Jahrhunderts unterrichtete er kranke schulpflichtige Kinder und Jugendliche an der Klinikschule der psychiatrischen Universitätsklinik (später: „Helen-Keller-Schule"). Auf Bitten des damaligen Leiters der Klinik Prof. Dr. Rainer Tölle betreute er dort später auch erwachsene Patienten, die unter Depressionen bzw. Neurosen litten.

Angelmodde, wo er sehr schnell heimisch wurde, wuchs ihm ans Herz. Im Jahre 1988 gründete er dort mit vielen Gleichgesinnten den Verein „Heimatfreunde Angelmodde", deren Vorsitzender er lange Jahre war. In seine Zeit fallen die Renovierung des alten Fachwerkhauses „Niederhoffs Kotten" und der Vertrag mit der Stadt Münster über die Überlassung dieses Hauses, des heutigen Gallitzin-Hauses, an die „Heimatfreunde Angelmodde e.V.". Die feierliche Eröffnung durch den damaligen Oberbürgermeister Dr. Jörg Twenhöven fand statt am 23. Oktober 1993. Außerdem rief Paul Reiser eine Schriftenreihe ins Leben, die bis heute 24 Bände umfassende „Chronik der Heimatfreunde Angelmodde" mit vielen wichtigen Beiträgen zur Geschichte des heutigen Stadtteils.

Sein besonderes Interesse galt der Fürstin Amalia von Gallitzin, die in Angelmodde einen Landsitz besaß und dort einen Kreis von Philosophen und Theologen um sich versammelte (später „familia sacra" genannt). In den oben genannten Chronik-Bänden veröffentlichte Paul Reiser einen umfassenden zweiteiligen Aufsatz mit dem Titel: „Amalia Fürstin von Gallitzin, Stationen ihres Lebens" als Ergebnis seiner mehrjährigen Forschungen. Zu diesem Thema hielt er auch zahlreiche Vorträge.

Im Laufe seines Lebens erhielt er verschiedene Auszeichnungen. So übergab ihm im Jahre 1992 der damalige Oberbürgermeister Dr. Jörg Twenhöven das Bundesverdienstkreuz am Bande. Sechs Jahre später, im Februar 1998, zeichnete ihn die Stadt Münster mit der Münster-Nadel aus. Er verstarb am 2. Juni 2002, sein Grab befindet sich auf dem Angelmodder Friedhof an der Homannstraße.

Emil Stratmann

„An einem schönen Tage des Jahres 1896 stand vor meinem Geburtshause an der Breiten Gasse im Aegidiiviertel, wo von ihr die Sackgasse mit dem poetischen Namen ‚Blumensaat' abging, ein großer Kastenwagen. Das Haus war in den langen Jahren für die immer größer werdende Familie zu klein geworden. Daher hatten meine Eltern es verkauft und ein neues größeres Haus an der Weseler Straße gegenüber dem alten Friedhof, das die Nummer 16 trug, erworben." (entnommen den Erinnerungen von Emil Stratmann in dem im Jahre 1976 im Verlag Aschendorff erschienenen Buch „Bilder aus Münster und dem Münsterland", dem auch das Selbstbildnis entstammt). Im Aegidiiviertel erblickte 1864 auch ein anderer münsterischer Maler das Licht der Welt: Fritz Grotemeyer.

Damit ist schon eine künstlerische Einordnung des im Dezember 1890 geborenen Emil Stratmann vorweggenommen. Er war Maler und darüberhinaus Zeichner, Graphiker und mehr.

Schon als Schüler entdeckten seine Eltern und Lehrer sein zeichnerisches Talent. So war es eine glückliche Entscheidung, der Schule eine Ausbildung als Zeichner in einem Architekturbüro folgen zu lassen. Angesichts der immer ausgeprägteren und Gott sei Dank dort erkannten besonderen Begabung durfte er nach Abschluss seiner Lehre eine Zeichenschule besuchen. Dort konnte er seine Kenntnisse erweitern und lernte intensiv verschiedene Techniken kennen.

Als 1914 der Erste Weltkrieg ausbrach und er zu einem Pionierbataillon eingezogen wurde, waren bereits mehrere Skizzen- und Malbücher entstanden mit Federzeichnungen von Pflanzen, insbesondere schönen Blumen,

Emil Stratmann, Selbstporträt, 1920

Landschafts- und auch Architekturmotiven. Während seiner Stationierung in Metz führte er auch seinen Zeichenstift bei sich, und es entstanden viele Skizzen jener Stadt.

Zurückgekehrt in seine Vaterstadt in wirtschaftlich unruhigen Zeiten war ein Leben als freischaffender Künstler zunächst ein zu großes pekuniäres Risiko, weshalb er nach einer Übergangstätigkeit als angestellter Architekturzeichner dankbar eine Stellung als Graphiker bei dem Verlagshaus Aschendorff annahm. Zwischen den Kriegen entstanden unzählige Zeichnungen und Holzschnitte und auch Bilder mit Motiven aus seiner geliebten Heimatstadt Münster, Motive, deren Bedeutung heute, nachdem es viele Gebäude, Straßen und Winkel nicht mehr gibt, künstlerisch und historisch von großem Wert ist. Gleiches gilt für die vielen späteren Feder- und Kohlezeichnungen der Ruinen der durch Bomben zerstörten Altstadt der einst stolzen Metropolis Westphaliae, die traurige Dokumente einer Epoche sind, die sich hoffentlich niemals wiederholen wird.

Zwei Ausstellungen der Werke Emil Stratmanns erinnerten in den letzten Jahren an diesen münsterischen Künstler: eine in der Torhaus-Galerie des Stadtheimatbundes Münster am 14. November 2010 eröffnete Bilderschau und eine umfassende Präsentation im Hof Hesselmann in Mecklenbeck, eröffnet am 5. Dezember 2010. Letztere Ausstellung war dem unermüdlichen Sammler Karlheinz Pötter zu verdanken, der in vielen Jahren mehr als 1.000 Werke von Emil Stratmann zusammengetragen hat. Dabei wurde auch der Facettenreichtum des OEuvres dieses Künstlers deutlich: Kohle- und Federzeichnungen, Holz- und Linolschnitte, Aquarelle und Ölgemälde, bemalte Kacheln, Ausleger und Schilder. Auch das Emblem des Münsterischen Anzeigers am Haus der Geschäftsstelle der Westfälischen Nachrichten am Prinzipalmarkt ist sein Werk.

Emil Stratmann verstarb nach einem erfüllten Künstlerleben im hohen Alter von 84 Jahren im Jahre 1974 in seiner Heimatstadt Münster. Kurz zuvor erhielt er noch die silberne Rathaus-Gedenkmünze.

Alle Jahre wieder...

Hans Dieter Schwarze

Theater- und Filmschauspieler, Regisseur, Dramaturg, Intendant und (fast noch lieber) freier Schriftsteller und Dichter. Seine Berufe führten ihn in viele deutsche und ausländische Städte, seine erwachsene Liebe führte ihn in das niederbayerische Dorf Anterskofen bei Dingolfing, wo er dreißig Jahre lang bis zu seinem Tode lebte, sein Fühlen zog ihn immer wieder in seine Vaterstadt Münster, wo er am 30. August 1926 geboren wurde. Hier besuchte er das Ratsgymnasium, bekam schon während der Schulzeit Schauspielunterricht am Stadttheater und wurde nach bestandenem Kriegsabitur mit siebzehn Jahren als Soldat an die Ostfront eingezogen.

Krank kehrte er als Achtzehnjähriger zurück, voller schrecklicher Bilder verstümmelter toter Menschen, die ihn zeitlebens zur Auseinandersetzung mit dem Sterben anregten, wovon sein literarisches OEuvre beredtes Zeugnis ablegt. Zwei Titel mögen als Anregung zur thematischen Auseinandersetzung ausreichen: „Sterben üben - was sonst" und „Aufzeichnungen aus meiner Krebszeit". Auch seine letzten Lebensjahre waren wieder von schwerer Krankheit geprägt.

Seine Theaterlaufbahn begann 1946 in Münster, führte ihn aber schon bald an andere deutsche Bühnen wie Lübeck, Hamburg, Essen, Trier und 1958 als Spielleiter und Dramaturg an die Münchener Kammerspiele, eine der großen deutschen Sprechbühnen. Dort inszenierte er unter anderem die deutsche Erstaufführung des „König Ubu" von Alfred Jarry. Von 1968 bis 1973 war er Intendant und Dramaturg des Westfälischen Landestheaters Castrop-Rauxel. Danach wechselte er zum Schauspiel der Städtischen Bühnen im fränkischen Nürnberg.

Zeitgleich wandte sich Schwarze auch dem Kino und dem Fernsehen zu. Er führte bei mehr als 150 Fernsehfilmen Regie. Im Jahre 1961 entstand sein erster Kinofilm „Was macht Papa denn in Italien" mit Willy Fritsch. Sechs Jahre später spielte er die Hauptrolle in dem Erfolgs- und mittlerweile zum Kultstreifen gewordenen Münster-Film „Alle Jahre wieder", zu dessen Produktionsstab die ebenfalls aus Münster stammenden Brüder Ulrich und Peter Schamoni zählten. Immer um die Weihnachtszeit im Schlosstheater gespielt, erleben die Besucher die ironischen Blicke von Schwarze und den Schamonis auf ihr Münster gemeinsam mit Ulla Jacobson, Sabine Sinjen, Hertha Baumeister und Mimi Frenke.

Auch in seinem literarischen Schaffen (Romane, Lyrik, Kurzgeschichten, Essays, Bühnenstücke, Hörspiele und sogar ein Kinderbuch) blickte er immer wieder kritisch liebend auf seine Heimatstadt Münster zurück. „Heimat ist für mich", so schrieb er einmal, „nie etwas Starres zum Draufsitzen, sondern ein dauernder Anlass zu geistiger Bewegung". Sein Schauspiel „Keine Haftung für Ihre Garderobe" (1992) ist eine Liebeserklärung an Münsters Arbeiterstadtteil Klein-Muffi mit einer Paraderolle für den unvergessenen Busso Mehring. Es stand viele Monate auf dem Spielplan des Wolfgang-Borchert-Theaters und stieß auf begeisterte Resonanz. Ein Jahr später, im Jahre 1993, erschienen seine Aphorismen („Fuß für Fuß", 700 Manteltaschennotizen). Eine Kostprobe: „Manche gehen, weil sie nicht wissen, wohin. Auf der Promenade dreht man sich im Kreise."

Hans-Dieter Schwarze starb hochgeehrt am 7. Mai 1994 in Anterskofen. Er hatte das Bundesverdienstkreuz bekommen, den Bundesfilmpreis in Gold und wurde ein Jahr vor seinem Tode in Münster noch mit der Paulus-Plakette ausgezeichnet.

Franz Feldhaus

Die Beantwortung dieser Frage muss mit einem längeren Rückblick auf die Familiengeschichte beginnen. Am 28. März 1890 kaufte der Lippstädter Kaufmann Louis Stuhlmacher das münsterische Haus Prinzipalmarkt Nr. 7 und eröffnete darin eine Gaststätte. Er heiratete die aus Bettinghausen (zwischen Soest und Lippstadt gelegen) stammende Anna Bücker. Die von beiden Eheleuten geführte Gaststätte prosperierte sehr schnell und wurde nach dem frühen Tode des Ehemannes am 15. September 1912 zunächst von seiner Witwe weitergeführt.

Zwei Jahre später (1914) heiratete sie wieder und zwar den Hotelier Julius Feldhaus. Auch die zweite Ehe von Anna Feldhaus, verw. Stuhlmacher, geb. Bücker blieb kinderlos. Daher adoptierte das Ehepaar Feldhaus im Jahre 1929 Annas neunjährigen Neffen Franz Schulte aus Bettinghausen, der sodann den Nachnamen Feldhaus erhielt und zu seinen Adoptiveltern nach Münster zog.

Franz Feldhaus besuchte das hinter dem Rathaus gelegene Realgymnasium, im Volksmund „Städterpenne" geheißen, später Ratsgymnasium genannt und nach der Kriegszerstörung am Bohlweg neu errichtet. Sein Religionslehrer war der spätere Kardinal Clemens August Graf von Galen, der damals als Pfarrer an St. Lamberti wirkte. Zwar liefen in den ersten dreißiger Jahren die Bierhähne der Gaststätte durchaus flott, aber der Adoptivvater Julius sah nach der „Machtübernahme" schwierige Zeiten anbrechen. 1936 nahm er seinen Adoptivsohn vorsorglich von der Schule und hieß ihn, sich auf eine Übernahme der elterlichen Gastronomie vorzubereiten.

So begann der 16-jährige Franz Feldhaus im Restaurant „Fürstenhof" eine umfassende und solide Ausbildung. Zwei Jahre später besuchte er die damalige Reichsfach-

schule für das deutsche Hotel- und Gaststättengewerbe. Die fachliche Bildung sollte fortgesetzt werden in Paris, wo er die Feinheiten der französischen Küche und die anspruchsvollen Gourmets der Seine-Metropole kennenzulernen hoffte. Aber diese Hoffnung wurde brutal von dem deutschen „Führer" zerschlagen. Franz Feldhaus wurde zum Militär eingezogen und geriet in den späteren Kriegsjahren an die Ostfront. Die dortigen Erlebnisse prägten ihn lebenslang.

Im Jahre 1945 kehrte er nach vorheriger Verwundung aus der Kriegsgefangenschaft nach Münster zurück und fand keine lebendige Stadt mehr vor, sondern nur noch eine schreckliche Trümmerwüste. Seine Adoptiveltern waren „zurückgekehrt" nach Bettinghaussen, die Gaststätte war zerstört, die Gäste tot oder in das Umland „geflohen". Kaum zu glauben, dass in diesem Szenario Franz Feldhaus den Mut fasste, den Schutt zu räumen und das

Haus wieder aufzubauen. Ihm zur Seite stand die junge Margret Laumann, seine spätere Ehefrau. Beide schufteten beinahe Tag und Nacht mit beispielloser Energie und einfachsten Hilfsmitteln. Das Werk gelang: Drei Jahre später, im Jahre 1948 zur 300. Wiederkehr des Westfälischen Friedens, standen das Haus und die Gaststätte wieder. „Stuhlmacher" war neu erstanden, einen Monat später fand die Eheschließung statt.

Münster nahm wieder Gestalt an, Franz Feldhaus prägte mit. Er trat verschiedenen Vereinen bei, dem Sportclub Preußen Münster und der Karnevalsgesellschaft Freudenthal, um nur die wichtigsten zu nennen. In der Session 1955 regierte er als Prinz. Daneben pflegte er hohe Gaststättenkultur und bewirtete illustre Gäste, Lokalpolitiker, Minister, Professoren und sogar im Jahre 1988 den amerikanischen Außenminister Henry Kissinger. „Die Welt war bei ihm zu Gast", schrieb Bernd Haunfelder anlässlich seines Todes am 10. Oktober 2011. Er hatte zuvor den Stab zuversichtlich an seine Söhne und Enkel weitergereicht.

Mathilde Franziska Anneke

Die aus einer katholischen Familie stammende Tochter eines nicht unvermögenden Bergwerksbesitzers aus dem südlichen Westfalen erblickte am 3. April 1817 das Licht der Welt. Auf Gut Oberleveringhausen, heute zur Gemeinde Sprockhövel gehörend, verbrachte sie mit vielen Geschwistern eine wohl behütete Kindheit und Jugend. Zeitgenossen bezeichneten sie als sehr hübsch, sanft und angenehm. Die erste Wende nahm ihr Leben, als ihr Vater sich wirtschaftlich verspekulierte und die Familie mittellos und hochverschuldet wurde.

Mit 19 Jahren heiratete sie nicht nur, aber auch aus Kalkül den reichen Weinhändler Alfred von Tabouillot aus Mülheim an der Ruhr, der die Schulden ihrer Familie tilgte und sie durch diese Heirat nobilitierte. Aus dieser Ehe wurde am 27.11.1837 eine Tochter geboren (Johanna, später stets Fanny genannt). Der Weinhändler entpuppte sich bald als gewälttätiger Weintrinker, der unter Alkoholeinfluß seine Ehefrau misshandelte und Bordelle aufsuchte.

Nach nur einjähriger Ehe siedelte Mathilde F. Anneke mit ihrer Tochter nach Wesel um und reichte die Scheidung ein, was in der Rheinprovinz, wo sie geheiratet hatte, möglich war, denn dort galt damals der Code Napoléon. Trotz der erlittenen Demütigungen und Misshandlungen wurde sie schuldig gesprochen, erhielt jedoch das Sorgerecht für ihre Tochter. Sie machte erste Erfahrungen mit der Rechtlosigkeit der Frauen in der seinerzeitigen Gesellschaft. Ihren Unterhalt verdiente sie mit schriftstellerischer Tätigkeit und verfasste katholische Gebetbücher für Frauen, Reiseberichte, Gedichte, Theaterstücke und Rezensionen. Der münstersche Bischof Kasper Max Freiherr von Droste-Vischering war ihr zunächst sehr zugetan und empfahl ihre Schriften. Daher verlegte sie auch 1839 ihren Wohnsitz nach Münster, wo sie sieben Jahre lebte und unter anderem die „Produkte der roten Erde", die erste westfälische Anthologie, herausgab.

Ihr Verhältnis zur katholischen Kirche wurde in ihren Münsteraner Jahren beeinträchtigt durch deren Verharren in gesellschaftlich festgefahrenen Vorstellungen und auch durch die Begegnung mit Annette von Droste-Hülshoff, die sehr abfällig über die nicht ebenbürtige und nur niederem Adel angehörende Schriftstellerin sprach. Ihre Freundschaft mit dem Artillerie-Leutnant Fritz Anneke, den sie später heiratete, brachte sie immer mehr in gesellschaftskritische Kreise. Nach ihrem gemeinsamen Umzug nach Köln (1847), wo sie die erste „Frauen-Zeitung" Deutschlands herausgab, wurde sie zu einer Sozialistin und engagierten Frauenrechtlerin. Wegen ihrer Teilnahme am badisch-pfälzischen Aufstand mussten beide 1849 Deutschland fluchtartig in Richtung Amerika verlassen.

Amerika wurde die Heimat weiterer Kinder und erneuter Begegnung von sozialer Ungerechtigkeit und Erniedrigung von Frauen. Die Familie zog nach ihrer Ankunft in New York mehrfach um und bestritt ihren Unterhalt mit Vorträgen und politischen und literarischen Arbeiten für Zeitungen. Mathilde engagierte sich besonders in der Frauenbewegung und verlegte wie bereits vorher in Deutschland eine deutsche Frauenzeitung. Später gründete sie eine deutschsprachige Töchterschule, das Milwaukee-Töchter-Institut, die 18 Jahre lang bestand. Sie starb mit 67 Jahren in Milwaukee.

Im Jahre 1988 gab die Deutsche Bundespost eine Briefmarke zu ihren Ehren heraus. Die Stadt Münster benannte 2001 eine Straße im Stadtviertel Rumphorst nach ihr. Im Jahr 2018 wurde die neue Gesamtschule an der Andreas-Hofer-Straße in Münsters Osten auf ihren Namen getauft.

Rosa Posekardt

An und für sich müssten ein Bild von ihr und eines ihrer Gedichte im Kinderhauser Heimatmuseum hängen. Zwar ist sie nicht in Kinderhaus geboren, hat in diesem Stadtteil aber fast ihr ganzes Leben lang gewohnt. Das Licht der Welt erblickte sie am 27. September 1925 in Handorf, damals noch Münsters „Kaffeedorf" an der Werse. Sie wuchs in einer großen Familie auf. In einem Gedicht schrieb sie: „Ich war das zweitjüngste von insgesamt sechs Wichtern, und einen großen Bruder hatt' ich auch."

Im Jahre 1937 begann die damalige Wehrmacht damit, auf den schönen Heideflächen in Handorf einen Militärflughafen zu errichten. Die frühere Stadtbushaltestelle „Fliegerhorst" erinnerte noch an jenen Flugplatz, der zwölf Jahre später wieder aufgegeben wurde. Heute befindet sich dort ein Panzerübungsgelände. In der Folge mussten die dort stehenden Häuser weichen; die Familie Brummel (Mädchenname von Rosa Posekardt) siedelte nach Kinderhaus, wo im Sommer 1937 ihr neues Wohnhaus am Janningsweg gebaut wurde. Die damals zwölfjährige Protagonistin litt lange unter dem Verlust ihrer „Heideheimat", zumal im gleichen Jahr noch ihre Mutter verstarb.

Schon als Jugendliche schrieb sie sich ihre Gedanken und Wünsche von der Seele. Aber, von Natur aus bescheiden, auch aus Angst vor Unverständnis, ließ sie ihre Blätter oft in den Kinderbach fallen, dessen Wasser sie ungelesen forttrugen. Erst nach der Ermunterung durch gute Freunde fasste sie in der Nachkriegszeit den Mut, ihre Verse anderen Menschen vorzulegen. Das Ende des letzten Krieges erlebte sie als Hausgehilfin in Ostbevern. In zwei Prosaerzählungen „Fast schon vergessen" und „Ein

Alptraum zu Ende" berichtet sie von einer Fahrt in dieser Zeit mit ihrer „Herrschaft" in das zerstörte Münster.

Am 25. Februar 1950 heiratete sie den Maurerpolier Harry Posekardt. Die junge Familie wohnte zunächst in Rosas Elternhaus am Janningsweg in „einem Notquartier mit zwei Zimmern, Küche und Klo" (Zitat Rosa Posekardt). Zusammen mit anderen Kollegen errichteten sie in Schwerstarbeit ihr Siedlungshaus Konermannweg 20 (inzwischen mehrfach renoviert und verschönert). Kinderhaus wurde ihre neue Heimat, der sie später eine Liebeserklärung in Versform gewidmet hat. Trotz ihrer vielen Arbeit im wachsenden Haushalt und dem Groß-ziehen von acht Kindern, sozusagen „zwischen Kochtopf und Schularbeiten ihrer Kinder", fand sie immer wieder Zeit zum Fabulieren. Ihr Gedicht „Mein schönster Welt-untergang" aus dieser Zeit wurde sogar prämiert.

Im Jahre 1979 schloss sich Rosa Posekardt Gleichgesinnten an und trat der Münsteraner Autorengruppe MS-Lyrik/Prosa bei. Ihre Verbindung mit Kinderhaus unterstrich sie auch durch ihre Verserzählung über den Kinderhauser Sumpfgeist Morio. Ihre Geschichte „Kebab und Anderes" ist Ausdruck ihres Versuches, um Verständnis für die im Stadtteil lebenden Ausländer zu werben. 1989 erschien ein Heft mit Gedichten von sieben Münsteraner Frauen, 1992 ein Gedichtbändchen mit 36 Seiten ausschließlich von ihr mit dem Titel „Gereimtes & Ungereimtes". In „Zu spät" benennt sie schon fast philosophische Gedanken: „... was ich dir noch sagen wollte: war soviel: doch viel zu spät".

Die „Deutsche Sprachwelt" benannte sie als Autorin des Jahres 2001. In seiner Lobrede sagte Dr. Matthias Kneip unter anderem: „Überhaupt sind Witz und Ironie Stilmittel, die die Autorin geschickt und kunstfertig mit den Möglichkeiten des Reimes verbindet und variiert". Viel zu früh und unerwartet ist sie am 9. Mai 2005 in Kinderhaus gestorben. Ein Jahr später wurde der kleine Waldweg zwischen Kristiansandstraße und Große Wiese in Anwesenheit zahlreicher Kinderhauser Bürger nach ihr benannt.

WER WAR EIGENTLICH ...

Werner Dobelmann

Ein historisch gebildeter Münsteraner, dessen Herz allerdings für seine artländischen Vorfahren und deren Landschaft schlug. Der Name Artland bezeichnet eine im Norden des Osnabrücker Landes gelegene vorwiegend landwirtschaftlich geprägte Gegend im Dreieck der Städte Bersenbrück, Ankum und Quakenbrück. Die Eltern von Werner Dobelmann stammten aus Nortrup und Suttrup, wo er schon als Kind häufig seine Großeltern besuchte. Sein Vater wurde Anfang des vorigen Jahrhunderts nach Münster versetzt, wo Werner Dobelmann am 16. Oktober 1913 geboren wurde.

In Münster legte er im Jahre 1934 am Gymnasium Paulinum die Reifeprüfung ab und schrieb dafür einen Aufsatz über das Mauritzviertel, wo sein Elternhaus stand. Schon früh entdeckte er seine Neigung zu geschichtlichen Forschungen und hätte nach dem Abitur gerne an der Westfälischen Wilhelms-Universität Geschichtswissenschaft studiert. Stattdessen wurde er zum Arbeitsdienst eingezogen und begann 1935 eine Banklehre bei der Sparkasse der Stadt Münster, die er erfolgreich abschloss. Anfang 1939 begann er seine jahrelange Tätigkeit bei der Stadt Münster im Finanzressort, wo er zum Steuerrat avancierte.

Neben diesem profanen Beruf ging er von Anfang an seiner historischen Leidenschaft nach und eignete sich auf erstaunliche Weise in den fünfziger Jahren des letzten Jahrhunderts ohne Hochschulbesuch geschichtswissenschaftliches Handwerk an. Er begann Aufsätze zu artländischen und münsterschen Themen zu schreiben. Als 1970 das 900jährige Jubiläum der Mauritz-Kirche begangen wurde, hatte man ihn selbstverständlich gebeten, eine historische Betrachtung zu schreiben, die in die ent-

standene Festschrift aufgenommen wurde. Damit nicht genug: Er arbeitete seinen Beitrag weiter als 222seitige Monografie aus, die 1971 im Verlag Aschendorff erschien mit dem Titel: „St. Mauritz. Ursprung und Werdegang eines Stadtviertels und seines Vorlandes". Es ist mittlerweile ein unentbehrliches Standardwerk auf wissenschaftlicher Grundlage (Originalversion des Verlages) mit fundierten Quellenangaben und einem ausführlichen Literaturverzeichnis.

Als im Jahre 1975 die Eingliederung bisher selbstständiger Umlandgemeinden in das Stadtgebiet Münster bevorstand, ersuchten ihn einige Gemeinderäte darum, eine Ortsgeschichte eben jener Gemeinden zu schreiben. So erschienen 1974 gleich drei Bücher Dobelmanns: „Streiflichter aus der Geschichte Amelsbürens", „Angelmodde, Geschichte einer Stadtrandgemeinde" und „Hiltrup". Ein viertes Buch, nämlich „Handorf gestern und heute, Geschichte einer dörflichen Siedlung" gehört ebenfalls in diese Reihe, obwohl Handorf 1974 bereits ein münsterscher Stadtteil war. Zahlreiche Einzelaufsätze ergänzen die umfangreichen Arbeiten Dobelmanns zur Erforschung der Randgebiete der Stadt Münster. Die Arbeiten von Werner Dobelmann sind wichtige Beiträge zur Stadtgeschichte Münsters.

Ebenso umfangreich sind seine Veröffentlichungen zur Geschichte des Artlandes. Er war lange Jahre Mitglied des Kreisheimatbundes Bersenbrück. Seine Worte zum Thema Heimat sind nachdenkenswert: „Kenntnis der Heimat und Verbundenheit mit ihr ist auch heute eine der Quellen, aus der die Verantwortung für die Gemeinschaft wächst. So gesehen ist Heimatgeschichte nicht ein Traum von der ‚guten alten Zeit‘, sondern Tradition im besten Sinne und belebender Ansporn, die anvertrauten Werte zu erhalten als Grundlage zu neuem Schaffen für die Zukunft."

Werner Dobelmann starb am 7. August 1985 in Bad Salzuflen.

Alexander Heimbürger

Ein Münsteraner, der zauberte, ein Magier also, der die Menschen mit seinen faszinierenden und nicht erklärlichen Tricks in seinen Bann zog. Geboren am 4. Dezember 1819 in dieser Stadt, Sohn eines preußischen Beamten, für den eine ähnliche Laufbahn vorgesehen war, faszinierten ihn schon in seiner Jugend auf Jahrmärkten oder im Theater auftretende Zauberkünstler mit ihren geheimnisumwitterten Fähigkeiten. Er begann, Zauberbücher zu lesen, eignete sich nach und nach selbst einige Tricks an und probierte sie erfolgreich aus, was sein Interesse beflügelte.

So verwundert es nicht, dass er schon mit zwanzig Jahren seine bürgerliche Berufsausbildung aufgab und sich fahrenden Künstlern wie dem Jahrmarktzauberer Friedrich Becker bei dem Besuch zahlreicher deutscher Städte anschloss. Während er seine Fähigkeiten stets vervollkommnete, reiste er schon im Jahre 1840 unter dem angenommenen Künstlernamen „Herr Alexander" mit einer russischen Artistenfamilie durch große Städte.

Der finanzielle Erfolg drohte allerdings zunächst auszubleiben, doch noch im Herbst 1840 gelangen ihm in Hamburg dank der finanziellen Unterstützung eines Hamburger Millionärs umjubelte Auftritte. Gelöst von der erwähnten Artistenfamilie unternahm er selbstständig eine Rundreise durch ganz Norddeutschland, die ihn bekannt und berühmt machte. Er verblüffte beispielsweise durch den Fang einer Gewehrkugel und schaffte es, mit einem Pistolenschuss 200 Kerzen zu entzünden. Das hiesige Stadttheater freute sich über seine vorübergehende Rückkehr nach Münster im Dezember 1842 und ließ ihn auf seinen Bühnen gerne und erfolgreich auftreten.

Lange allerdings hielt es den ehrgeizigen Künstler in seiner Heimatstadt nicht. Im November 1843 trat er zusammen mit seinem erst 14-jährigen Bruder August eine Schiffsreise in die USA an. Seine ersten Auftritte in New York enttäuschten zunächst, was vornehmlich auf Sprachprobleme zurückzuführen war. Der Erfolg stellte sich nach drei schwierigen Monaten aber schließlich überschwenglich ein: Alexander wurde ein bekannter Zauberkünstler und gab allein in New York mehr als sechzig Vorstellungen. Eine spätere Tournee führte ihn durch die gesamten Vereinigten Staaten und durch Kanada. Er trat sogar im Weißen Haus vor Präsident James Polk auf. Mit dessen Empfehlungsschreiben „eroberte" er daraufhin Mittel- und Südamerika.

Zielstrebig erweiterte er seine Sprachkenntnisse, lernte Portugiesisch und Spanisch und trat Anfang 1848 in Havanna auf. Nach Darbietungen in vielen anderen Staaten erreichte er im Jahre 1852 Brasilien, wo der damalige Kaiser Dom Pedro II. de Alcantara (1825 – 1891) von seiner Zauberei hellauf begeistert war. Als Dom Pedro im Jahre 1877 eine Bahnreise durch Europa machte, stieg er extra in Münster aus, um Alexander zu besuchen, wo dieser seit 1853 wieder lebte.

Seine angegriffene Gesundheit zwang ihn, Südamerika im September 1853 wieder zu verlassen. Als Millionär kehrte er nach Münster zurück, kaufte in der Altstadt ein Haus und trat dem Civilclub bei. Vier Jahre später heiratete er zum ersten Mal (Anna Scholle) und vermählte sich nach deren frühem Tod im Jahre 1861 zum zweiten Mal (mit Elisabeth Vogelsang). Aus beiden Verbindungen hinterließ er insgesamt zehn Kinder. Professionelle Auftritte gab es in Münster nicht mehr, lediglich im privaten Kreise oder bei Wohltätigkeitsveranstaltungen führte er ab und zu noch Zauberkunststücke vor.

Im Jahre 1892 erschien im Verlag der Coppenrathschen Buch- und Kunsthandlung der erste Band seiner Tagebuchblätter mit dem Titel „Ein moderner Zauberer", eingeleitet von Levin Schücking. Weitere Tagebuch-Bände erschienen leider nicht mehr, allerdings schrieb er um 1900 noch ein Lehrbuch für junge Zauberer. Am 25. Juli 1909 verstarb Alexander Heimbürger im Alter von 89 Jahren in seiner Heimatstadt. Sein Grab befindet sich auf dem Zentralfriedhof in Münster.

Anton Matthias Sprickmann

Ein Jurist, ein Historiker, ein Universitätsprofessor, ein Freimaurer, ein Dichter und Theaterschriftsteller, ein recht vielseitiger Mensch also. Seine Lebensdaten stimmen fast mit denjenigen Goethes überein, allerdings wurde er ein Jahr älter. Geboren wurde er im Jahre 1749 in Münster in eine wohlsituierte Familie: Sein Vater Johann Christoph Sprickmann war bischöflicher Mediziner, seine Mutter Tochter des Architekten Pictorius, der in der Domstadt zahlreiche Bauten hinterlassen hat. Anton Matthias besuchte, wie bei angesehenen Bürgern üblich, das Jesuitengymnasium, noch heute unter dem Namen Gymnasium Paulinum ein Begriff.

Seine Mutter, die ihn gemeinsam mit zwei Schwestern erzog (der Vater war schon früh gestorben), bewog ihn dazu, nicht den Beruf seines Vaters als berufliches Ziel zu wählen, sondern ein Studium der Jurisprudenz aufzunehmen. Man wählte die im Geiste der Aufklärung neu gegründete Universität Göttingen, wo Sprickmann von 1766 bis 1768 Rechtswissenschaft studierte. Er schloss sein Studium danach an der holländischen Universität Harderwijk ab, die ihn 1769 zum Dr. jur. promovierte. Zwei Jahre später heiratete er im Alter von 22 Jahren Marianne Kerkerink, die Tochter aus einem angesehenen Erbmännergeschlecht. Sie schenkte ihrem Mann zwei Kinder: Marie-Theres und Bernhard.

Schon als Schüler erwuchs in Sprickmann die Liebe zum Theater und zur schönen Literatur. Er schrieb schon früh Gedichte, die seine jugendliche Begeisterung für den Sturm und Drang erkennen ließen. In Göttingen fand er Kontakte zu dem Dichterkreis „Hainbund" und freundete sich mit vielen Gleichgesinnten an. Später schrieb er etliche Theaterstücke und auch ein Opernlibretto. In

Münster wurden seine Stücke in dem ersten von ihm mit geförderten Theaterbau am Roggenmarkt aufgeführt. Sogar in dem von Goethe geleiteten Weimarer Hoftheater stand 1800 noch eines seiner Stücke auf dem Spielplan: das in Wien preisgekrönte Lustspiel „Der Schmuck".

Nach seiner Promotion ließ er sich 1770 in Münster als Advokat nieder. Schnell wurde der fürstbischöfliche Minister Fürstenberg auf ihn aufmerksam und ward zu seinem Gönner. Er nahm Sprickmann in seine Verwaltung auf und beförderte ihn 1774 zum Regierungsrat. Fürstenberg sah für Sprickmann eine universitäre Laufbahn vor; sein Plan war, das katholische Kolleg zu einer Volluniversität aufzubauen, was ihm 1780 auch gelang. Für Sprickmann hatte Fürstenberg dort eine Professur vorgesehen. Im Wintersemester 1778 (in sicherer Erwartung der Einrichtung einer Volluniversität) nahm Sprickmann seine juristischen Kollegs auf. Im Januar 1779 erhielt er den Professorentitel. 1784 lernte Sprickmann in Leipzig den Philosophen Immanuel Kant kennen; im gleichen Jahr vertrat er Fürstenberg bei der Eröffnungsfeier der Universität Bonn. Nach der Auflösung des Fürstbistums Münster wurde er preußischer Regierungsrat, behielt aber seine Professur an der Universität Münster bei. 1813, mit mittlerweile 65 Jahren, nahm er einen Ruf nach Breslau an und lehrte dort vier Jahre lang. Danach folgte er einem Ruf an die Berliner Universität, wo er später nach mehreren Schlaganfällen emeritiert wurde.

Seine erste Ehefrau starb sehr früh im Jahre 1791. Zwei Jahre später heiratete er zum zweiten Mal und zwar Maria Antonia Oistendorf, die er bei der Fürstin von Gallitzin kennengelernt hatte. Durch Fürstenberg war er in den Kreis von Münster aufgenommen worden und lernte dort auch Goethe persönlich kennen. In diese Zeit fällt auch seine Bekanntschaft mit der jungen Annette von Droste-Hülshoff, die ihn nach der Lektüre seiner Gedichte umschwärmte. Er ermutigte sie bei ihrer schriftstellerischen Arbeit durch seine Briefe aus Breslau und Berlin.

Nach dem Tod seiner zweiten Ehefrau im Jahre 1829 zog er von Berlin zurück nach Münster, wo er bis zu seinem Tode 1833 zurückgezogen lebte. Wie Liselotte Folkerts in ihrer 2018 erschienenen Sprickmann-Biografie betont, hat dieser nach Gründung einer literarischen Gesellschaft in Münster die Stadt und ihr Umland mit der zeitgenössischen Literatur und ihren Repräsentanten bekannt gemacht. Außerdem war er, wie Wolf Lammers einige Jahre zuvor ausführte, ein bedeutender deutscher Jurist.

Walter Kutsch

Ein lebenslang „überzeugter Münsteraner, kritischer Münster-Liebhaber und begeisterter Münster-Sammler", so lautete die Selbstbeschreibung, die auch seinen Briefkopf zierte. Oftmals wurde er als das „Gedächtnis der Stadt" bezeichnet. Wie kam es dazu?

Als Walter Kutsch am 10. Dezember 1941 „rein zufällig" im münsterschen Franziskus-Hospital geboren wurde, war noch nicht voraussehbar, dass er sich zu einem besonders intensiven Münsteraner entwickeln würde. Neun Jahre lebte er in Telgte, ca. 10 Kilometer von Münster entfernt; danach erfolgte der Umzug der Familie in den Südschwarzwald. Berufliche Veränderungen der Eltern brachten ihn nach dem Abitur zurück in den Schoß der Westfalenmetropole, „stark alemannisch sprechend". Hier begann er zunächst ein Psychologie-Studium; fehlende Geldmittel zwangen ihn aber nach drei Semestern zur Arbeitssuche. Die fand er bei einem großen Versicherungsunternehmen. Da er sich die fehlende Ausbildung als Autodidakt erschließen musste („Ich habe mir mindestens zwei Meter Literatur gekauft und wahrscheinlich mehr gelernt, als jemand, der eine normale Ausbildung absolviert"), blieb keine Zeit für das Studium.

1982 wurde Walter Kutsch nach Köln in die Hauptverwaltung des Versicherungsunternehmens versetzt. Bedingt durch seine Tätigkeit als Revisor reiste er durch ganz Deutschland. Die Wochenenden verbrachte er in Münster bei seiner Familie. So konnte er über viele Jahre eine positiv-kritische Distanz zu seiner Geburtsstadt entwickeln.

Nachdem Walter Kutsch Kindheit und Jugend größtenteils im Schwarzwald verbracht hatte, war es sein Bestreben, das Leben in seiner Geburtsstadt näher in den

Blick zu nehmen. Es begann ganz einfach – auf Grund seiner Liebe zum Theater – damit, dass er alle Veröffentlichungen über diese Theateraufführungen sammelte. Bald kamen Zeitungsbeilagen und Publikationen verschiedener münsterscher Vereine dazu, so dass er sich um eine bewusste Archivierung kümmern musste.

In fast fünfzig Jahren intensivster Sammelleidenschaft zu nahezu allen Bereichen der Stadtgeschichte hat Walter Kutsch eine Spezialbibliothek aufgebaut, die er nach wissenschaftlichen Grundsätzen strukturierte und die in Deutschland ihresgleichen sucht. Dabei galt sein äußerstes Streben dem Wunsche nach Vollständigkeit, obwohl er sich der alten Antiquariatsregel „Das letzte Heft kriegen Sie nie" durchaus bewusst war. Nach eigenem Selbstverständnis war seine Sammelleidenschaft eine positiv-kritische Auseinandersetzung mit seiner Heimatstadt, fernab jeder Heimattümelei.

2013 erwarb das münsterische Stadtarchiv die „öffentliche" Privatbibliothek des Sammlers, Bibliothekars und Archivars Walter Kutsch, der er den Namen „Monasteria" gab. Diese „Monasteria-Bibliothek" (Bibliothek für Literatur, die Münster direkt oder indirekt zum Gegenstand hat), umfasst insgesamt ca. 13.000 Medieneinheiten, darunter 6.000 Bücher, 300 Leinenbände mit themenbezogenen Zeitungsausschnitten, 450 Bände Zeitschriften, Periodika, 400 Mappen mit Sonderbeilagen von Zeitungen, Festschriften, Schülerzeitungen, Firmen-Jubiläumsschriften, unveröffentlichte Hochschularbeiten, Manuskripte, kleine unbekannte Szeneblätter sowie sogenannte Eintagsfliegen, von denen nur wenige Ausgaben erschienen sind. Auch die lückenlose Dokumentation der Historie des Flughafens Münster/Osnabrück von der Aufnahme des Flugbetriebs 1972 bis 2010 zählt als umfangreiches Werk mit 50 Leinenbänden dazu.

Durch die Spezialbibliothek „Monasteria", die vielfach Sondergebiete umfasst, die von öffentlichen Archiven nicht berücksichtigt werden, wird ein Stück vergangenes Münster auch für spätere Generationen zugänglich.

Als eifriger Münstersammler gehören Bilder, Grafiken und ca. 900 Ansichtskarten – die älteste von 1896 – ebenso zu seinem Fundus alter Schätze.

Walter Kutsch war ein begeisterter Münsteraner, was ihn jedoch nicht davon abhielt, das Geschehen in der Stadt mit kritischer Einstellung zu verfolgen.

Mit spitzer Feder und feiner Nuancierung, aber auch forschen Formulierungen zu gesellschaftlichen und politischen Themen mischte er sich als Leserbriefschreiber par excellence ein (Münster „ein unbedeutender

Töttchenzwerg", der geplante Flughafen Münster/Osnabrück ein „Mümmelmanneierport"). Im Verfassen von Leserbriefen sah er für sich eine Möglichkeit, an der Gestaltung des Gemeinwesens teilzunehmen. Deshalb enthielten seine Briefe auch häufig Lösungsvorschläge und Alternativen. Aus dieser dreißigjährigen Tätigkeit ergab sich für ihn die Herausgabe einer Leserbriefanthologie. Unter dem Titel „Sehr geehrte Redaktion …" spiegelt sie ein Stück Stadtgeschichte wider.

Walter Kutsch gab seine profunden Münster-Kenntnisse gerne den verschiedenen heimischen Vereinen, Organisationen, Gruppen oder Einzelpersonen weiter. So engagierte er sich im Stadtheimatbund Münster u. a. in der Redaktionsgruppe. Für die Ausgaben der Zeitschrift „Torhaus aktuell" stellte er in der Reihe „Wer war eigentlich …" vierundzwanzig bedeutende Persönlichkeiten der Stadtgeschichte vor. Mit dem fünfundzwanzigsten Bericht wollte er diese Reihe beenden.

Dieser ist nun Walter Kutsch gewidmet, der am 29. Oktober 2019 verstarb.

Ursula Warnke

Kutsch
Wer war eigentlich ...